Losh

22.569.

2 . 179.

LES CHEVILLES
DE
Mᵉ ADAM
MENVISIER
DE NEVERS.

A PARIS,
Chez TOVSSAINCT QVINET,
au Palais, sous la montee de la
Cour des Aydes.
M. DC. XLIV.

Auec Priuilege du Roy.

A MONSEIGNEVR,
MONSEIGNEVR
LE VICOMTE
D'ARPAION,
MARQVIS DE SEVIRAC,
CONSEILLER DV ROY EN SES CONSEILS,
Cheualier de ses Ordres, Lieutenant
general en ses Armées, & en la
Prouince de Languedoc, &c.

CONTE ie t'offre ces Cheuilles,
Que sans le secours des neuf Filles
Par vn prodige tout nouueau
I'ay fait naistre de mon cerueau.

EPISTRE.

Si le Ciel m'eût fait cette grace
Que de m'auoir fait de la race
De ceux qui tiennent en leurs mains
Le gouuernement des humains.
Que par vne heureuse aduanture,
Le caprice de la Nature
En me donnant l'estre m'eust fait,
Au lieu d'vn faiseur de Bufet,
De ces porteurs de Diadesmes,
Qui font aux vassaux plus supresmes
Sur la terre & dessus les eaux
Ce qu'Aquillon fait aux roseaux.
Si i'auois, dis-ie, la puissance
Par la grandeur de la naissance
De recompenser la vertu
Dont t'on esprit est reuestu,
Au lieu d'vn present si peu digne
Ie iure la valeur insigne

EPISTRE.

Qui te fait dans les champs de Mars
Ternir le lustre des Cesars,
Lors que d'vne Auguste asseurance
Tu crois des ennemis de France
Le triste Empire de Pluton,
Que ie t'offrirois vn baston :
Mais comme toutes les personnes
N'ont pas des testes à Couronnes,
Que l'Vniuers est trop petit
Pour contenter cét apetit;
Ie ne puis t'offrir dauantage
Que ce que le Ciel me partage :
Les Holocaustes qu'en ces lieux
On met sur les Autels des Dieux
Ne sont pas de valeur égale.
Mais bien souuent vne Cigale
Qui part des mains du Laboureur,
Vaut bien l'Aigle d'vn Empereur :

EPISTRE.

Car cette nompareille essence
Qui la plus illustre naissance
A la plus basse égalera,
Quand l'œil du monde tombera
Dans l'inuisible sepulture
Qui doit engloutir la Nature,
D'vn mesme amour regarde & prend
L'offre du petit & du grand.
Ce grand Moteur, qui tout contemple,
Reçoit de mesme main au Temple,
Quand l'ame pure luy fait don,
Et la tulipe & le chardon.
Ainsi sa bonté nompareille
Si tost que le Soleil s'éueille
Veut que l'éclat de ses rayons
Illustrant ce que nous voyons
D'vne mesme splendeur éclate
Sur la bure & sur l'écarlate:

C'est

EPISTRE.

C'eſt ce que i'eſpere de toy,
Que ſuiuant ſa Diuine Loy,
D'vn noble & genereux courage
Tu prendras ce petit Ouurage
Auec le meſme aggréement
Que ſi le fameux Saint Amant
T'auoit fait preſent de ce Liure
Où ſa gloire doit touſiours viure.
Sont les marques de mon deuoir,
Mais lors que tu le voudras voir,
Fais-moy cette faueur inſigne,
Que ſi dés la premiere ligne
Tu iuges que ſon entretien
Ne ſoit pas capable du tien,
De le donner en ſacrifice
Aux marmitons de ton office;
Peut eſtre lors qu'ils le liront
Parlant de ma verue ils diront

é

EPISTRE.

En dialogue de cuisine,
Que le roman de Mellusine
Ne surpasse point en esprit
L'eloquence de mon escrit :
Par ainsi ie feray connoistre,
Si ie n'ay contenté le Maistre,
Que du moins i'ay charmé l'ennuy
Des seruiteurs qui sont à luy.
Par là fais iuger à ton ame,
Si ie suis capable de blâme,
Puisque, dans l'estat ou ie suis,
Ie te donne ce que ie puis.
Ie sçay qu'vn peu de violence
T'a fait condamner mon silence,
Et que ta censure a cent fois
Blasmé l'vsage de mes dois ,
De ne t'auoir pas voulu mettre
Cinq ou six mots dans vne lettre :

EPISTRE.

Mais tu sçauras que le pouuoir
D'vn iuste & modeste deuoir
M'est venu tousiours interdire
Cette liberté de t'escrire.
L'ingratitude ne m'a point
Fait broncher encore à ce point,
Que d'auoir eu l'ame insensee,
Iusqu'à bannir de ma pensee
La souuenance des bien-faits
Qu'en ma misere tu m'as faits.
Ma plume ne fut oncqu'auare;
Mais d'autant que celle d'Icare,
Pour auoir pris vn vol trop haut,
Luy fit faire vn funeste saut :
Ie crains que pour trop entreprendre
Son destin ne me vienne prendre.
Pourtant, quoy qu'il puisse arriuer,
Ces Cheuilles t'iront trouuer.

EPISTRE.

La mesme main qui te les offre
Te peut encore offrir vn coffre
Car quand ie Rabote ou i'escris,
Ma raison met à mesme pris,
Et mesme boutique enuelope
Mon Apollon & ma Varlope.
Ce Phœbus n'est pas ce Soleil,
Qui dans vn superbe appareil
Aporte du milieu de l'onde,
L'esclat qui r'anime le monde.
Iamais ie n'vsay des douceurs
Ny de luy, ny de ses neuf sœurs,
Ce double mont innaccessible
Où la faute est irremissible,
A quiconque s'y veut jucher
Comme vn Cocq dessus le clocher,
Ne m'a iamais paru propice,
Car de crainte du precipice

EPISTRE.

Dont il espouuante celuy
Qui n'est pas capable de luy,
I'ay tousiours suiuy L'auanture
Que m'a presenté la Nature,
L'Apollon que i'ay pour objet
C'est l'incomparable sujet
De peindre au front de la memoire
L'Illustre portraict de ta gloire,
Et monstrer sans feinte & sans fart
Ce que peut au dessus de l'Art
Vn Menuisier sauuage & rude,
Qui ne s'est point acquis d'estude,
Encore qu'il se soit soûmis
D'en Raboter à ses amis.
Pour ébauscher ce grand Ouurage
Ou la temerité m'engage,
Il faut vn autre Cabinet
Que celuy de Toussainct Quinet,

EPISTRE.

Le Bouillant desir qui l'oppresse,
De faire rouler sous la presse
Ce bon ou ce mauuais recueil
Qui fait mon port ou mon escueil ;
A peine me veut il permettre
L'acheuement de cette lettre.
Si iamais vn peu de raison
Me fait reprendre ma maison ;
Que dedans cette solitude,
Où iamais nulle inquietude,
Ny mille soings embarassans
Ne troublent l'empire des sens ;
Ie puisse ioindre cette flame
Qui donne vne lumiere à l'ame,
Et qui par des diuins transports,
Sans la destacher de son corps,
Par vne route peu connuë
L'esleue au dessus de la nuë ;

EPISTRE.

Ie feray ton portrait si beau,
Que les parques, ny le tombeau,
Le cours du temps, ny la nature,
N'en pourront ternir la peinture.
On y verra tous ces exploits
Dont tu sçais affermir nos lois;
Quand à la teste d'vne armee,
La victoire & la renommee,
Ton bras, ta gloire, & le trépas,
Font vne ouuerture à tes pas.
Ie feray voir mille Batailles,
Où sur des monts de funerailles
D'hommes morts, de murs demolis,
Ta main a cultiué nos lis ;
Et fait bruire comme vn tonnerre
Chez tous les peuples de la Terre,
Que Mars changeroit de couleur
Soubs les efforts de ta valleur.

EPISTRE.

Mais sur tout, l'endroit le plus rare
De ce portrait que ie prepare,
Sera de montrer le plaisir
Dont tu satisfais ton desir,
Loin de cette fatale pompe
Pour qui la Fortune nous trompe:
Par vne éclatante raison
Ie montreray qu'en ta maison,
Ton ame peut estre assouuie
De tous les plaisirs de la vie,
Sans chercher l'épineux seiour
Des trompeurs appas de la Cour ;
Où, quelque bien qu'on s'y propose,
L'épine suit tousiours la rose,
Où l'heur n'est pas épanouyt
Qu'aussi-tost il s'éuanouyt,
Et ne laisse à nostre memoire
Qu'vne foible vapeur de gloire,

Vn peu

EPISTRE

Vn peu de fumée & de bruit
Qu'vn soufle du temps nous destruit.
Tu le sçais mieux qu'homme du monde,
Et que toute ame qui se fonde
Dessus cet appas deceuant,
Basti sur vn sable mouuant.
Depuis dix ans ie la prattique
Au detriment de ma Boutique,
Mes outils en sont tous rouillez,
Et tous mes sentimens brouillez
Ont presque abandonné l'vsage
Par qui i'entretiens mon mesnage.
Il est vray, que la passion
De toucher vne pension
Qu'vn genereux Prince me donne,
Fait que mon ame s'abandonne,
A rendre hommage à la Candeur
De sa tres-auguste grandeur.

EPISTRE.

Mais mon mal'heur en ce rencontre,
Est que d'ordinaire ma monstre
Ne me produit aucuns effets,
Qu'à payer les frais que i'ay faits:
Ainsi ie trouue apres la feste
Que ie n'ay que l'honneur de reste,
D'auoir saluë le souuerain,
Et retournant en Pelerin,
Faut a ma premiere soupee,
Pour vn bourdon, quitter l'espee.
Ie ne trouue rien de si doux
Que la demeure de chez nous,
Mon champestre & simple village
N'a pas ce nuisible aduantage,
De voir tous ces Pallais dorez
Ou des mortels sont adorez,
Ou l'art & la magnificence
Font idolatrer leur puissance,

EPISTRE.

Tous ces vains colosses d'orgueil
Que le temps doit mettre au Cercueil,
Ces fameux monuments antiques,
Ces tours, ces superbes portiques,
Qui semblent menasser les Cieux
De leurs sommets audacieux,
Ne nous ont iamais fait d'encombres
Ny de leurs corps, ny de leurs ombres.
Tous ces lambris estincelans,
Ou les peintres plus excellans
Ont mis tous leurs soings & leurs veilles
A faire esclater leurs merueilles,
N'ont point encore dans ces lieux
Esblouy les sens, ny les yeux.
Vn vieux bois de qui la verdure
Nasquit auecque la nature,
M'y presente des proumenoirs
Qui ne sont lumineux ny noirs ;

I ij

EPISTRE.

*Et dont les demeures secrettes
Ont de si charmantes retraites,
Que c'est le Printemps seullement
Qui peut en peindre l'ornement.
Tant l'incomparable Cibelle
Dessous ces rameaux paroist belle.
Iamais la rigueur des Hiuers,
Ne chocqua ses ombrages vers,
Et sa teste est tousiours couuerte
D'vne espesse perruque verte,
Ou mille & mille Oyseaux nichez
Ont tousiours leurs soins attachez,
A faire esclatter a toute heure
Dans cette paisible demeure,
Vn bruit si doux & si charmant,
Que le silence mesmement
Est raui de leur voir destruire
La liberté de son Empire.*

EPISTRE.

*Le celeste accent de leurs airs
Chassant la nuë & les esclairs,
Sauue leur innocentes testes
De la colere des tempestes.
Parmy ces cabinets toufus
Ie ne me trouue point confus,
Comme au sot vsage de viure
Que chés le grand monde il faut suiure.
En ce lieu la grandeur des Roys
N'y fait point esclater ses loys,
Le diuin moteur de la terre
Qui forme & brandit le tonnerre,
Est le seul de tous les puissans
A qui l'on y donne l'encens.
L'ambition n'a point de flâme
Que n'y sçache esteindre mon ame;
Car voyant qu'il nous faut mourir,
Et qu'en vain pour nous secourir,*

EPISTRE.

Toutes ces puissances supresmes,
Ces Couronnes, ces Diadesmes,
Qui nous font flechir les genoux
Deuant des mortels comme nous,
N'auront qu'vne fresle puissance,
Contre la fatalle ordonnance,
Qui porte generallement
Toutes choses au Monument;
Qu'il faut que tost ou tard l'on tombe
Soubs l'affreux enclos d'vne tombe,
Que nostre orgueil n'est que du vent,
Et que tel, qui n'est plus viuant,
Laissant les Resnes d'vn Empire
Aux bords de l'Acheron souspire,
De voir qu'il ne luy reste rien
Qu'vn seul denier de tout son bien:
Encore vn vieux Nocher l'en priue
Pour le passer a l'autre riue,

EPISTRE.

Que le cercueil destruit l'Autel
Du plus redoutable mortel,
Que Cæsar, Pompée, Alexandre
Ne sont plus que terre & que cendre,
Et qu'auecque tous les exploits
Dont ils affermirent leurs lois,
Ils sont maintenant plus a plaindre
Qu'ils ne fureut iadis a craindre.
Que le temps par ses changements
Boulleuerse des monuments,
Ou l'on ne cognoist plus les marques
Ny des grandeurs, ny des Monarques
Bref que le floible, & le fort,
Sont suiets aux loix de la mort:
Ces decadances asseurées
Bien meurement considerées,
Font que i'estime mille fois,
Les Louures moindres que les bois

EPISTRE.

Et que tout me resemble rude
A l'esgal de la solitude.
C'est parmy ces antes diuers,
Que resuant au mestier des vers
I'espere de faire connoistre,
Que le Ciel n'a iamais fait naistre
Vn Heros qui merite mieux
Que toy, le rang des demi-Dieux;
Quand mesme l'ombre d'Alexandre
Voudroit contre moy l'entreprendre.
Cependant cher Conte reçois
Ce que ie t'offre a cette fois;
Tu trouueras dans ce volume,
Outre le trauail de ma plume,
Plus d'honneur, que ie n'en pretends
De trente peinceaux esclatans;
Qui par des transpors tous de flâme,
Ont voulu donner a mon ame

Des

EPISTRE.

Des éloges & des appas
Que mes bois ne meritent pas.
Ils vont pour combattre l'enuie
Qui pourroit trauerser la vie
De ces Cheuillus auortons
Qui passent pour les rejetons
D'vne souche mal animée,
Ou pour le mieux dire vne armée
Dont les soldats tous éperdus
Marchent sous ses enfans perdus.
En voulant dire des merueilles
De mes trauaux & de mes veilles,
Pour en parler trop dignemẽt
Leur osteront leur ornement.
Ainsi ces enfans de la gloire
Pensant éclairer ma memoire
Ils abaisseront ma couleur
Par le grand éclat de la leur.

EPISTRE.

L'excez de leur amour extreme,
Pour me trop tefmoigner qu'il m'aime,
Fera par ces chans triomphans
Comme le finge a fes enfans,
Qui les embraffant par trop d'ayfe
Les eftouffe quand il les baife.
Ainfi le bel Aftre du iour
Quand il fait fon oblique tour,
Son œil deueloppe & deferre
Dans le vif efmail d'vn parterre,
Mille boutons en mille fleurs,
Dont l'Aurore auecque des pleurs
A fait vne viue peinture
Sur les habits de la nature.
Les trais de fes diuins rayons
Sont autant de diuers crayons
Qui peignent & qui font efclore
Se fuperbe ornement de Flore.

EPISTRE.

Mais comme ce diuin flambeau
Prez de luy ne voit rien de beau ;
D'vn mespris digne de son estre
Son mesme œil qui les a fait naistre
A peine les voit-il fleurir,
Qu'aussi tost il les fait mourir :
De mesme ces diuins genies,
Qui de leurs saintes harmonies
Ont voulu flatter mes escris,
Auront droit d'en faire vn mespris.
Et comme il les croiront indignes
D'estre comparés a leurs lignes,
Ils les verront d'vn œil pareil
Que les fleurs le sont du Soleil.
Mais grand apuy de la Couronne,
Braue Conte ie te les donne
Comme des enfans qui n'ont rien,
Mais qui n'auront que trop de bien

EPISTRE.

Pourueu que tu leur sois prospere
Comme tu le fus à leur pere,
Qui sera tousiours de bon cœur
Ton tres-obligé seruiteur.

ADAM BILLAVT,
Menuisier de Neuers.

PREFACE
DE MONSIEVR
DE MAROLLES,
ABBE' DE VILLE-LOIN,

SVR LES CHEVILLES DE Maistre Adam Billaut, Menuisier de Neuers.

Aistre Adam Billaut Menuisier, ayant le don de faire des vers auec vne facilité sans exemple, on croiroit qu'vne longue estude auroit esté le continuel exercice de sa ieunesse, & que son éleuation, pareille à celle de Pindare, l'a rendu capable d'aprendre, comme on dit, dans le sein des Muses le langage des Dieux; (car l'eloquence des Poëtes a souuent esté reputée digne de cette comparaison.) Cependant comme il est issu de parens

†

PREFACE.

pauures & de petite condition, quoy que gens de bien, dans la ville de Neuers, il n'eut moyen que d'apprendre à lire & escrire, & en suite le mestier de Menuiserie, sans s'aperceuoir qu'il estoit propre pour exceller dans vn art beaucoup plus noble & plus releué.

En cet estat bornant sa fortune & son ambition, il prit vne femme dont il a des enfans, & parmi les soins qui accompagnent d'ordinaire le mesnage & les petites familles, sur tout quand elles sont chargées d'enfans; comme vn autre Terence, pour se diuertir dans les doux entretiens de la Poësie, il commença de composer des rimes naïues, qui ayant plû à ses amis, le firent digne du nom de Poëte que plusieurs luy donnerent, comme vn heureux presage qu'il seroit vn iour à bien meilleures enseignes, honoré de ce titre par les premiers hommes du monde.

En l'âge de vingt-huict ans, son esprit naturellement beau, & accompagné d'vn solide iugement, s'est reuestu de sa plus grande force, il s'est fait voir au dessus des esperances que l'on en auoit conceuës, & rendu semblable à ces arbres qui dans vne terre inculte produisent l'Encens; Ce feu sacré qu'il auoit caché sous la cendre des pensées ordinaires à ceux de sa condition, s'est finalement embrazé & a fait paroistre sa flame.

Il n'en faut point d'autres preuues que ce Recueil d'vne partie de ses ouurages estimez dignes des

PREFACE.

loüanges des plus beaux Esprits de ce siecle, & où l'Enuie mesmes auec ses dents de serpent, auroit peine à treuuer dequoy mordre, tant ils sont acheuez; en cela semblables à ces Marbres, qui resistent d'autant plus aux injures des temps, qu'ils sont extremement polis.

Tous les stiles y sont conseruez dans leur lustre: l'Heroïque y paroist partout majestueux, le Comique n'y est point rampant, quoy que naïf & ioyeux: les Epigrames y portent leurs poinctes necessaires, pour plaire & pour picquer; & les Stances s'y trouuent remplies de tant de belles pensées, selon les sujets diferents, qu'elles seroient dignes d'estre sonnées sur la Lyre d'Apollon, ou du moins chantées par ceux qui entre tant d'excellents hommes de nostre temps, ont le talent & la reputation de faire de beaux Vers.

De là il est facile de connoistre comme les Poëtes naissent, & les Orateurs se font, les aduantages de la Nature paroissant en cettuy-cy, tellement audessus des sciences acquises par vn soin laborieux, qu'il n'a pas eu besoin de longues estudes, pour faire admirer ses ouurages. Aussi a-il heureusement rencontré la chose pour laquelle il estoit né. Et de cette sorte, si quelqu'vn a la fortune si bonne que son eloquence, sa justice, son esprit, sa valeur, ou quelqu'autre merite luy acquiere de la gloire & de la loüange, il se peut vanter d'auoir eu

PREFACE.

part à ce bon-heur, & n'en doit pas au Ciel de petites reconnoissances. Il ne faut pas (comme on dit) donner à Ciceron l'employ de la guerre, ny à Marius la charge de haranguer au Senat: Cetui-cy bâtit sa renommée sur son eloquence, & cet autre sur les exploits de ses armes; si bien que ce seroit chose infinie de vouloir raconter tous ceux de qui la memoire n'est viuante, que parce que l'excellence de leurs actions, selon le bon-heur de leur naissance, a donné sujet à la posterité de connoistre leur nom.

Ie croy que si M. Adam Billaut, fils de Pierre Billaut & de Ieanne More, se fûst contenté de son art de Menuiserie, sa reputation auroit esté aussi courte dans le monde, comme elle s'y est acreuë par la Poësie, où l'on peut dire qu'il a beaucoup de talent: & comme on n'auroit iamais sceu qu'Ariston & Grillus eussent esté au monde, si Xenophon & Platon n'eussent esté leurs fils; aussi ne sera-il possible iamais, que l'on ne sçache les noms des parents de nostre Poëte, qui auoient tiré leur origine du vilage de Sainct Benin des Bois, au païs de Niuernois.

Il a fait comme ce Symon l'Athenien, qui n'estant qu'vn Corroyeur, deuint grand Philosophe, pour s'estre rendu soigneux de merquer toutes les belles choses qu'il entendoit dire à Socrates, quãd il s'arrestoit à parler à luy sur le pas de sa boutique: de sorte

PREFACE.

qu'il composa depuis plusieurs excellents Dialogues du Beau, de l'Honneste, de l'Affabilité, de la Generosité, de l'Honneur, de la Poësie, de l'Amour, de la Musique, & autres, iusques au nombre de trente-trois, qui ont fait viure son nom depuis deux mille ans, & luy ont acquis la gloire dont il eust esté priué, s'il se fust contenté de son premier mestier.

Mais apres tout, ie ne tiens point que nostre Poëte se soit rendu moins digne d'admiration, que cet Eschiles, fils d'vne Menetriere, qui deuint le Mignon de Philippes, pour s'estre acquis de luy-mesmes beaucoup de belles connoissances dans les Liures. L'Autheur de cetui-cy n'a-il pas merité au sujet de ses Vers l'estime & la bien-veillance, non seulement des Princesses de son païs (de qui le merite, l'esprit & la beauté, sont au dessus de nos loüanges) mais encor de tous les Grands du Royaume, & nommément de Monseigneur le Duc d'Orleans, qui l'a honnoré d'vne pension, & l'a mis sur l'estat de sa Maison?

Ainsi Socrates, fils de Sophronius, tailleur de pierre, bien que nourry en l'art statuaire, soudain qu'il eut appliqué son esprit à des choses meilleures le quitta pour suiure la Philosophie: & Demostene, descendu de fort bas lieu, a monté iusques à vn haut degré de science & d'authorité.

M'estant des premiers apperçeu de l'excelence d'vn si beau naturel, & voyant comme d'vne façon

PREFACE.

particuliere il estoit orné des dons de l'esprit Poëtique, i'ay crû que ie deuois ce petit Eloge à l'entrée de son Liure, pour témoignage de l'estime que i'ay tousiours faite de luy, qui, à mon aduis, n'auroit pas laissé d'estre digne de beaucoup de loüanges & de ton approbation, Lecteur, quand il n'auroit atteint qu'à la moitié des perfections, où (lisant cét Ouurage) tu t'apperceuras bien, ie m'asseure, qu'il est monté. Du moins souuien-toy, qu'vn Menuisier, sans autre estude que des outils de sa vacation, est l'Autheur de ces beaux Vers, & que Dieu est tousiours libre dispensateur de ses Tresors.

Priuilege du Roy.

LOVYS PAR LA GRACE DE DIEV ROY DE FRANCE ET DE NAVARRE, A nos Amez & Feaux les Gens tenans nos Cours de Parlement, Maistres des Requestes, ordinaires de son Hostel, Baillifs, Seneschaux, Preuosts, leurs Lieutenans, & à tous autres nos Iusticiers & Officiers qu'il appartiendra: Salut, Nostre bien amé Adam Billault, Maistre Menuisier de la ville de Neuers, nous a fait remonstrer qu'il desireroit faire Imprimer vn Recueil de ses œuures Poëtiques,

intitulé, *Les Chenilles du Menuisier de Neuers*. Ce qu'il ne peut faire sans auoir sur ce nos Lettres, humblement requerant icelles. A CES CAVSES, desirans fauorablement traitter ledit exposant, Nous luy auons permis & permetons par ces presentes, de faire Imprimer, vendre, debiter en tous les lieux de nostre obeissance ledit Liure, en telles marges, & tel caractere, & autant de fois que bon luy semblera, durant le temps & espace de dix ans entiers & accomplis, à compter du iour que ledit Liure sera acheué d'Imprimer pour la premiere fois. Et faisons tres-expresses deffences à toutes personnes de quelque qualité & condition qu'elles soient de l'Imprimer, faire Imprimer, vendre, ny debiter, durant ledit temps, en aucun lieu de nostre obeissance, sans le consentement de l'exposant, sous pretexte d'augmentation, correction, ou changement de tiltre, fauces marques, ou autres, en quelque sorte ou maniere que ce soit, à peine de trois mil liures d'amende, payables sans deport, nonobstant oppositions ou appellations quelconques, par chacun des contreuenans, applicables vn tiers à nous, vn tiers à l'Hostel-Dieu de nostre bonne ville de Paris, & l'autre à l'exposant, confiscation des exemplaires contre-faits & de tous dépens, dommages & interests. A condition qu'il en sera mis deux exemplaires en nostre Bibliotheque publique, & vn en celle de nostre tres-cher & feal le Sieur Seguier, Cheualier, Chancelier de France, auant que de l'exposer en vente, à peine de nullité des presentes. Du contenu desquelles nous vous mandons que vous fassiez ioüir & vser plainement & paisiblement ledit exposant, & tous ceux qui auront droit de luy, sans aucun empeschement. Voulons aussi qu'en mettant au commencement, ou à la fin dudit Liure, vn Extraict des presentes, elles soient tenus pour deuëment signifiées, & que foy y soit adjoustée, & aux coppies d'icelles collationnées par l'vn de nos amez & feaux Conseillers & Secretaires, comme à l'original. Mandons aussi au premier nostre Huissier ou Sergent sur ce requis, faire pour l'execution des presentes, tous exploicts necessaires, sans demander autre permission: CAR TEL EST NOSTRE PLAISIR. Nonobstant clameur de Haro, Chartre Normande, & autres lettres à ce contraires. Donné à Paris, le 16. iour d'Auril, l'an de grace mil six cens quarante quatre, & de nostre regne le premier.

Par le Roy en son Conseil,

DVPILLE.

Acheué d'Imprimer pour la première fois le 25. May 1644.

Les Exemplaires ont esté fournis.

LEdit Maistre Adam Billaut, Menuisier de Neuers, a cedé & transporté tous les droits du Priuilege cy-dessus, à Toussainct Quinet, Marchand Libraire à Paris, pour en iouïr, suiuant l'accord fait entr'eux.

APPROBATION

APPROBATION
DV
PARNASSE.

Sur les Cheuilles de Maiſtre Adam Billaut,
Menuiſier de Neuers.

A Maiſtre Adam Menuiſier de
Neuers, ſur ſes Cheuilles.

EPIGRAMME.

N peut dire en tout l'Vniuers,
Voyant les beaux écrits que Maiſtre Adam
  nous offre,
Qu'il s'entend à faire des vers,
Comme il s'entend à faire vn coffre.

     SAINCT AMANT.

APPROBATION

A Maiſtre Adam Menuiſier de Neuers, ſur ſes Cheuilles.

EPIGRAMME.

A Droit Menuiſier de Neuers,
Mais plus adroit tourneur de vers,
Va trauailler en Catalogne,
Ou vers le Rhin, pour nos Guerriers,
Ne mets plus de Bois en beſogne,
Si ce n'eſt du Bois de Lauriers.

BOIS-ROBERT, Abbé de Chaſtillon.

DV PARNASSE.

A Maistre Adam, Menuisier de Neuers, sur ses Cheuilles.

ODE.

Qvel Dieu t'a rendu son Oracle?
Quel Demon t'inspire ces vers?
Dois-tu passer dans l'vniuers
Pour vn Monstre, ou pour vn Miracle?
O prodige entre les Esprits,
Qui sçais tout, & n'as rien apris!
Merueille du siecle où nous sommes!
Estonnement de tous les yeux!
A peine as-tu connu des hommes,
Et tu parles comme les Dieux.

APPROBATION

Docte ignorant, puissant Genie,
Qui parmy le bruit & le bois,
As sceu trouuer plus d'vne fois,
Et la cadence, & l'harmonie.
Ta main est sçauante au Compas,
La Regle ne te manque pas,
Et tu ne fais rien sans Mesure :
Mais en ce Labeur immortel,
Ce n'est point l'Art, c'est la Nature,
Qui t'enseigne à le rendre tel.

Quitte, quitte le Mont Parnasse,
Illustre & fameux Menuisier ;
Laurier, Mirthe, Palme & Rosier,
Pour toy n'ont rien qui satisfasse.
Va, malgré l'orgueil du Turban,
Sur le sommet du Mont Liban,
Te seruir d'vn moyen qu'il t'offre :
Là, comme tes Vers sont sans prix,
Pren du Cedre & t'en fais vn coffre,
Pour y conseruer tes Escrits.

DV PARNASSE.

Sans les flatter, ils en font dignes;
Et tout le monde est estonné,
De voir vn Rabot couronné,
Faire taire & chanter des Cygnes.
O Neuers, sejour glorieux,
Cache ton émail curieux,
Ne le fay plus voir à l'Europe:
Mais fay voir à tous les passans,
L'immortelle & grande Varlope,
Sur l'Autel où fume l'encens.

Fay voir sur les riues de Loire,
Des arcs de triomphe esleuez,
Où soient doctement engrauez,
& le Rabot, & l'Escritoire.
Fais y pendre de toutes parts,
Comme marques de ces deux arts,
Des Cheuilles & des Couronnes.
Et pour affliger l'Eridan,
Fais lire au dessus des Colomnes,
A LA GLOIRE DE MAISTRE ADAM.

DE SCVDERY.

APPROBATION

A Maistre Adam, Menuisier de
Neuers, sur ses Cheuilles.

STANCES.

IE n'ose proferer vn mot,
Quand i'admire ton beau volume,
Adam Billaut dont le Rabot
Fait bien moins de bruit que la plume.
Ie ne puis assez te priser,
Tu dois seul t'immortaliser,
Et mieux que cet Autheur qui fut chery d'Auguste:
Deuant que ton trépas ait mis la Muse en deüil,
Tu peux d'vn esprit fort & d'vne main robuste,
Faire ton Epitaphe auecque ton cercueil.

DV PARNASSE.

Quel Bon Demon t'a conseillé,
De faire des Vers de la sorte,
Toy qui n'auois iamais veillé
Qu'au milieu d'vne forest morte.
Le rude bruit de ton marteau,
T'a-il excité le cerueau?
Non ie croirois plustost voyant tant de miracles,
Qui passent de beaucoup tous les efforts humains,
Qu'vn morceau de ce Bois qui rendoit des oracles,
Fut vn iour par hazard Raboté de tes mains.

Ton bras par vn vif mouuement,
En fit sortir vne etincelle
Qui t'anima dans ce moment
Au bel art où ton ame excelle:
Ie m'imagine que deslors,
L'esprit se degageant du corps,
Fut comme illuminé d'vne flâme subtile,
Qu'il ietta des rayons qui luy furent infus,
Et que charmé du Dieu qui rauit la Sibile,
Il enfanta des vers qu'il n'auoit pas conçûs.

APPROBATION

Mais les feüilles dont tu te sers,
Surpasseront ces anciennes,
Ou n'y trouuerra point de vers,
Qui soient confondus comme aux siennes.
Quoy que souflent tes enuieux,
Le temps, au marbre injurieux,
S'ecoulera tousiours sans les voir effacées;
Chacun apres mille ans les lira mille fois,
Et verra ce papier où brillent tes pensées
Durer plus que le fer dont tu coupes le Bois.

BEYS.

A Maistre Adam, Menuisier de Neuers, sur ses Cheuilles.

ODE.

Toy qui d'vn pied chausse-sabot,
 As pû monter dessus Parnasse,
Et dont la main pousse-Rabot
Carmes dessus Carmes entasse.
Rare Menuisier de Neuers,
Qui fais bien plustost mille Vers
Qu'vne douzaine d'escabelles,
Tes Vers qui courent l'vniuers,
Sont leus dans les fines rüelles
En dépit de l'Enuie au regard de trauers.

APROBATION

Ils sont ventre Apollon si beaux,
Qu'ils dureront, chose certaine,
Plus long-temps que tes escabeaux,
Fussent-ils de Buis, ou Debene.
Quitte donc ton mestier de Bois,
Vien voir les Princes & les Roys,
Dis leur tes chansons immortelles,
Par mon chef ie n'en voy pas trois,
Qui puissent en dire de telles,
Et ne croy pas en voir de plus de quatre mois.

Vn quidan venu l'autre iour
Des bords de la saincte Fontaine,
Dit qu'on a battu le tambour
Aux enuirons de l'Hipocrene.
Que pour ton Rabot exalter
Des Rimeurs le grand Magister,
Par tous les lieux de son Empire,
Entendoit que sans resister,
Et sans y trouuer à redire,
On ne dit plus limer vn Vers, mais rabotter.

Par Mr. l'ABBE' SCARON.

DV PARNASSE.

A Maistre Adam, Menuisier de Neuers, sur ses Cheuilles.

SONNET.

LE Dieu de Pythagore, & sa Metempsycose,
Iettans l'ame d'Orphée en vn Poëte François,
Par quel crime, dit-elle, ay je offencé vos loix,
Digne du triste sort que leur rigueur m'impose ?

Les Vers font bruit en France on les louë, on en cause,
Les miens en vn moment auront toutes les voix,
Mais i'y verray mon homme à toute heure aux abois,
Si pour gaigner du pain il ne sçait autre chose.

Nous sçauons, dirent-ils, le pouruoir d'vn mestier,
Il sera fameux Poëte, & fameux Menuisier,
Afin qu'vn peu de bien suiue beaucoup d'estime :

A ce nouueau party l'ame les prit au mot,
Et s'asseurant bien plus au Rabot qu'à la Rime.
Elle entra dans le corps de Maistre Adam Billot.

CORNEILLE.

APPROBATION

A Maistre Adam Menuisier de Neuers, sur ses Cheuilles.

EPIGRAMME.

ENnemy du repos, & de l'oisiueté,
Maistre Adam fait des Vers, & non pas des Chenilles,
Pour atacher les noms à la Posterité,
Des Lauriers du Parnace il a fait des Cheuilles.

COLLETET.

A Maistre Adam, Menuisier de Neuers, sur ses Cheuilles.

SONNET.

Adam premier Homme du Monde,
Vray Poëte & vray Menuisier,
Dont le Rabot n'est point altier,
Quoy que la plume en soit feconde.

De ta Princesse sans seconde,
Graue le beau nom sur l'acier,
Qui peut mieux que toy publier
Les merites dont elle abonde ?

Que tu mettras ta gloire haut,
Si tu trauailles comme il faut,
Pour tant de qualitez illustres;

Tu dois bien estre vtile aux Roys,
Puisque tu peux faire à la fois
Leurs Esloges & leurs Balustres.

DE BENCERADE.

APPROBATION

A Maiſtre Adam, Menuiſier de Neuers, ſur ſes Cheuilles.

EPIGRAMME.

SI tu reçois des Vers d'vn & d'autre coſté,
De ceux qui trouueront leur immortalité,
A tenir quelque place en tes diuins ouurages,
Sçais-tu bien, cher Adam, le mal que ie preuoy,
C'eſt qu'ils s'en vont remplir iuſqu'aux dernieres
    pages,
Et n'en laiſſeront pas vne ſeule pour toy.

D'ALIBRAY.

A Maistre Adam, Menuisier de Neuers, sur ses Cheuilles.

EPIGRAMME.

Dans vn ouurage si parfait,
Ie considere Caliope
T'arracher des mains le bufet,
Et t'en faire choir la Varlope;
Et puis en te monstrant ses sœurs,
A qui tu fis mille caresses,
Tu fus rauy de leurs douceurs,
Et les pris alors pour Maistresses:
Mais si tu voulois éprouuer,
L'amour de ces diuines filles,
C'est là que tu pourrois trouuer
Autant de trous que de cheuilles.

DE GERARD

APPROBATION

A Maistre Adam, Menuisier de Neuers, sur ses Cheuilles.

SONNET.

Adam, ie suis raui, ma Muse me transporte,
C'est pour ton grād renom que ie deuiēs Rimeur,
Le bruit de ton Rabot m'a mis en cette humeur,
Et m'a chez Apollon ouuert la grande porte.

I'y fus tres-bien receu, sçache de quelle sorte,
L'on m'y donna de l'eau que boit ton Imprimeur,
I'en pris, dont les Sçauans firent quelque rumeur,
Si bien qu'il me fallut y demander escorte.

Apollon connoissant que i'estois en danger,
Enuoya ses neuf sœurs afin de me vanger,
Ie receus tant d'honneur de ces diuines Filles,

Que ie restay muet dans le remerciement,
Mon Luth pour cet effet fut vn foible instrument,
Adam i'auois besoin de tes belles Cheuilles.

IANVIER.

Du mesme

Du mesme.
EPIGRAMME.

IL faut estre pis qu'vn Cyclope,
Pour n'admirer pas la Verlope
De cet illustre Raboteur,
Ses beaux Vers ont tant d'energie,
Qu'on y croiroit de la magie,
Si l'on n'en connoissoit l'Autheur.

AVTRE EPIGRAMME.
A luy-mesme.

ADam, tu n'as pas assez fait,
Il te reste à faire vn buffet,
Pour mettre les presens que chaque Grand te donne.
Princes, Seigneurs, sçauans Esprits,
Vous apprendrez par ses escrits
Qu'il a de la vertu; mais payez sa personne.

IANVIER.

APPROBATION

A Maistre Adam, Menuisier de Neuers, sur ses Cheuilles.

STANCES.

Artisan illustre & fameux,
A qui tant de Heros rendent vne iuste hommage,
   Apres auoir veu ton ouurage,
  Ie viens t'en rendre aussi comme eux ;
   Car d'abord ie ne pouuois croire,
    Que tu meritasses la gloire,
Que te donnoient par tout ces Chantres immortels ;
Mais en fin i'ay connu que tu n'as point d'exemple,
   Et qu'il te faut dresser vn Temple,
Qui soit fait du débris de nos propres Autels.

Nos Escrits sont des fruits de l'Art,
Que pollit tous les iours l'estude & la science;
Mais les tiens ont vne eloquence,
Qui fuit l'artifice & le fart;
Tu triomphes de nous sans armes,
Sans sçauoir charmer tu nous charmes,
Tu fais tout par Nature, & tu n'as rien apris;
Ton caprice te sert de reigle & de pratique,
Et le plus souuent ta Boutique,
Fait honte aux Cabinets des plus fameux Esprits.

Sans courir au sacré sommet,
Tu trouues le chemin du Temple de Memoire;
Et tu possedes plus de gloire,
Qu'Apollon ne nous en promet:
Poussé par vne audace extreme,
Tu vas dérober au Ciel mesme,
Ce feu dont il forma les esprits des humains,
Et couuert de Lauriers que te produit la terre,
L'on te voit brauer son Tonnerre,
La Couronne à la teste, & le Rabot aux mains.

GILLET.

APPROBATION

A Maistre Adam le Menuisier, Par Ragueneau le Patissier.

SONNET.

IE Croyois estre seul de tous les Artisans,
Qui fut favorisé des dons de Caliope;
Mais ie me range, Adam, parmy tes Partisans,
Et veux que mon Rouleau le cede à ta Varlope.

Ie commence à connestre apres plus de dix ans,
Que dessous-moy Pegase est vn Cheual qui chope,
Ie vay donc mettre en paste & Perdrix & faisans,
Et contre le fourgon me noircir en Cyclope.

Puisque c'est ton metier de frequenter la Cour,
Donne-moy tes outils pour eschaufer mon four;
Car tes Muses ont mis les miennes en déroute.

Tu soufriras pourtant que ie me flate vn peu,
Auecque plus de bruit tu trauailles, sans doute;
Mais pour moy ie trauaille auecque plus de feu.

RAGVENEAV.

A Maiſtre Adam, Menuiſier de Neuers, ſur ſes Cheuilles.

EPIGRAMME.

Qvittant ſon Rabot à Neuers,
  Maiſtre Adam épuiſe ſa bourſe;
Mais icy debitant ſes Vers,
Il treuue vne heureuſe reſource :
Noſtre Maiſtre Adam n'eſt pas ſot,
Sa Plume vaut bien ſon Rabot.

MONGLAS.

APROBATION

A Maistre Adam, Menuisier de Neuers, sur ses Cheuilles.

SONNET.

Maistre Adam donne nous au net
Les œuures de ton Escritoire,
Tire-les de ton Cabinet,
Ou, si tu veux, de ton armoire.

Tu n'as ny Stance, ny Sonnet,
Qui ne meritte que la Gloire,
Par les mains de Toussaint Quinet
L'Imprime au Temple de Mememoire.

Plusieurs flattent par vanité
Leurs Escrits d'vne Eternité,
Qui meurent auant leurs personnes:

Mais les tiens y sont enchassez
Auec des Cheuilles trop bonnes,
Pour s'en voir iamais déplassez.

F. MATHVRIN.

A Maistre Adam Menuisier de Neuers, sur ses Cheuilles.

SIXAIN.

ADam, les neuf sçauantes Filles
Trouueront mauuais qu'à tes Vers
Tu donnes le nom de Cheuilles,
Parce que l'œil de l'Vniuers,
Leur frere le Dieu de la Rime,
Veut qu'on les loüe & les estime.

SALLART.

APPROBATION

A Maistre Adam, Menuisier de Neuers, sur ses Cheuilles.

STANCES.

Rare Ouurier, dont la main a tracé des Escrits,
Qui surpassent sans art l'Art des meilleurs Esprits,
Tes Vers que tout le monde estime,
De tes propres outils tirent leur plus beau jour,
Ils sont si bien tournez, qu'ils semblent faits au Tour,
Et sentent le Compas, le Rabot, & la Lime.

Ainsi les jnstrumens de ton Art Mechanique,
T'esleuent sur Parnasse au fond de ta Boutique,
Par eux tu fais des Vers si charmans & si beaux,
Que chacun les trouue admirables,
Et ie les crois bien plus durables,
Que tes Bancs, ny tes Escabeaux.

RAMPALLES.

A Maistre Adam, Menuisier de Neuers, sur ses Cheuilles.

SONNET.

Adam, n'accuse point ny ton sang, ny ta race;
La vertu reluit mieux parmy la pauureté;
Souuent d'vn fonds rustique & plein d'obscurité,
Iallit vne onde pure auecques plus de grace.

Apollon ayme ceux dont la naissance est basse,
Et leur fait ressentir sa liberalité;
Ainsi dans les vallons son ardeur se ramasse,
Ainsi sont-ils brillants de plus viue clarté.

Celuy qui descriuit la colere d'Achille,
Celuy qui pour Enée a construit vne ville,
Eurent-ils en naissant les Destins plus heureux?

Puisque tu deuois donc arriuer à leur gloire,
Et consacrer, comme eux, tes vers à la Memoire,
Ne deuois-tu pas naistre & commencer comme Eux?

D'ALIBRAY.

Du mesme.

EPIGRAMME.

L'Autre iour vn noble Guerrier
  Estant prest d'epouser sa Dame,
Enuoya vers Adam, afin de le prier
De luy dresser sa Couche & son Epithalame.

AVTRE EPIGRAMME.
A luy-mesme.

Lisant les Vers qu'Adam nous offre,
  Dont il a, dit-il, plein vn coffre
Dedans sa maison de Neuers;
Ie suis si surpris de ces Vers,
Que ie ne sçay si ie dors où ie veille;
Mais ce que de plus de Merueille
Rend mon esprit comme transy,
C'est qu'il a fait le coffre aussi.

DALIBRAY.

A Maistre Adam, Menuisier de Neuers, sur ses Cheuilles.

MADRICAL.

Pour faire en ta faueur vn ouurage assez beau,
Qui comme ta Varlope illustràt mon Enclume,
Il faudroit maintenant mescrimer de la plume,
Aussi bien que ie sçais m'escrimer du Marteau.

Pour toy ma Veine tousiours preste
T'offriroit chaque iour vn Eloge nouueau,
Et l'on verroit sortir plus de feu de ma teste,
Qu'il n'en entre dans mon fourneau.

Pour n'estre pas pourtant blâmé d'ingratitude,
Ie crois qu'il vaut bien mieux sans art & sans estude,
Dire peu par mes vers que de ne dire mot.
Et que s'il ont pour toy quelque chose de rude,
Tu peux y passer le Rabot.

DE REAVLT.

APPROBATION

A Maiſtre Adam Menuiſier de Neuers, ſur ſes Cheuilles.

EPIGRAMME.

ADam que iuſtement tu te nommes ainſi,
Car du premier viuant l'heureux reſſouuenir,
En tes mœurs, en tes vers, a voulu raieunir,
Et rendre ſon ſçauoir par par le tien eſclairſy.
Tu n'as pas moins que luy les ſciences infuſes,
Ton ſçauoir ſans eſtude eſtonne les Sçauans,
Et tes eſcrits ſeront iuſqu'au dernier des ans,
Le Phare d'Apollon & celuy de nos Muſes.

MAVGIRON.

A Maistre Adam, Menuisier de Neuers, sur ses Cheuilles.

EPIGRAMME.

MVses vous allez par tout dire
Que Phebus est vn vray falot,
De quitter l'Archet & la Lyre
Pour prendre en sa main vn Rabot :
Tout beau, troupe sçauante & belle,
Le Rabot vaut bien la truelle,
Pour ce diuin faiseur de Vers,
Il veut que tout le monde croye,
S'il fut jadis Maçon à Troye,
Qu'il est MENVISIER à NEVERS.

DELISLE.

APPROBATION

A Maistre Adam, Menuisier de Neuers, sur ses Cheuilles.

STANCES.

ILlustre Menuisier dont le noble transport
Execute sans cesse auec si peu d'effort
Ce que d'autres en vain cherchent par tant de veilles;
Miraculeux objet de tout nostre entretien,
Quel esprit assez haut peut vanter tes merueilles,
Sans en dire trop peu, s'il n'est égal au tien?

Veux-tu point employer ces precieux Escrits,
Qui nous font voir des tiens le merite & le prix,
A te donner vn bruit dont ta plume dispose?
Faut-il en ta faueur exercer tant d'Autheurs,
Si te voir & t'aymer n'est qu'vne mesme chose,
Et si tes enuieux sont tes admirateurs?

Ie sçay bien que leurs noms sont sacrez à la Cour,
Et qu'vn Liure sans doute est indigne du iour,
Quand on ne le rend pas digne de leurs suffrages;
Que leur authorité nous doit estre vne loy,
Que par leurs sentimens on iuge des Ouurages,
Et qu'on a tout enfin quand on les a pour soy.

Mais il est des beautez dont les propres apas
Nous surprennent d'abord, & ne nous trompent pas,
Et qui de nostre amour sont tousiours la matiere;
Alors qu'on les regarde on cognoist leur pouuoir,
Et l'on sent qu'il en est comme de la lumiere,
Qu'on voit par elle-mesme, & qui nous fait tout voir.

Pour moy ie ne croy pas en ce poinct t'obliger,
Puis qu'il n'est pas besoin qu'vn secours estranger
Preuue des veritez que tout le monde aduoüe :
I'illustre beaucoup moins tes Escrits que mon Nom,
Ie trauaille à ma gloire alors que ie te loüe,
Et me fais vne debte en te faisans vn Don.

APPROBATION

Athenes autrefois eut bien moins que Neuers,
Et la gloire des Grecs dans celle de tes Vers,
Quoy qu'on puisse opofer, doit estre enseuelie;
Tu leur peux disputer au moins le premier lieu;
Et si l'on eut treuué dans la vieille Italie
Vn homme comme toy, Rome en eut fait vn Dieu.

Tes ouurages fameux n'ont rien que de charmans,
Ils causent nostre honte & nostre estonnement;
Plus on les considere & plus on les admire;
Tout y paroist si beau iusques au moindre mot,
Qu'il semble qu'Apollon ait meprisé la Lyre,
Pour prendre tous les iours l'vsage du Rabot.

Par quel sort inoüy, par quel heureux hazard
Voyons nous aujourd'huy la Nature sans art
Confondre des Sçauans la plus belle arrogance ?
Et par quelle aduanture, ô merueilleux Esprits !
Ce Siecle a t il donné pour l'honneur de la France,
Vn homme qui sçait tout, & qui n'a rien apris ?

Pourfuy

DV PARNASSE.

Poursuy, diuin Genie, & ne te lasse pas,
Pour t'immortaliser mesme dans ton trépas,
Entretiens ce beau feu dont ta veine s'allume,
Et fais-nous confesser desormais par tes vers,
Que ce n'estoit pas tant au Rabot qu'à ta plume
A te faire vn cercueil de Lauriers tousiours verds.

CHEVREAV.

APPROBATION

A Maistre Adam, Menuisier de Neuers, sur ses Cheuilles.

SONNET.

CEs nobles sentimēs, que Maistre Adam exprime
Auec tant de douceur & tant de majesté,
Ce tour qu'il donne aux Vers si plein de netteté,
Font bien voir sa naissance au mestier de la Rime.

Sa maniere d'escrire est facile & sublime,
Il sçait ioindre la force à la naïfueté,
Mesler la raillerie auec l'honnesteté,
Et mieux que du Rabot s'escrimer de la Lime,

Si pour faire vn Mercure, on a dit autrefois,
Que l'on n'employoit pas toute sorte de bois,
Tant on faisoit d'honneur à ce pipeur de filles:

Ie puis dire aussi bien, & peut-estre encor mieux,
Que le bois dont l'on fait de semblables Cheuilles,
N'est pas vn bois commun, ny qui croisse en tous lieux.

MALOISEL.

A Maistre Adam, Menuisier de Neuers.

ELEGIE.

Puisqu'on estime plus le mortel qui s'amuse
A charmer les humains, en courtisant la Muse;
Que le Docte aujourd'huy ne passe que pour sot,
Sers-toy, si tu me crois seulement du Rabot:
On connoissoit iadis le merite des hommes,
Mais depuis, cher Adam, qu'en ce siecle où nous sommes,
Le siecle a corrompu l'ordre de l'vniuers,
C'est vn pauure mestier que de faire des Vers;
Que le docte trauail iamais ne t'importune,
Aussi bien tu ne peux y faire ta fortune,
Et crois que sans railler Pegasse est Cheual,
Qui meine les rimeurs en poste à l'hospital:
I'honore ton sçauoir, ta pauureté m'irrite,
Sçais-tu ce qu'on dira parlant de ton merite,
Alors qu'on te verra, ie dis mesme plus nu,
Encore mille fois qu'on ne peint la Vertu;

APPROBATION

Considerez Adam, n'est-ce pas grand dommage,
De voir ce malheureux en vn tel équipage,
Son Genie est puissant, i'admire ses escrits,
S'il eust estudié qu'il eust beaucoup apris;
I'ay pitié de luy voir faire le pied de gruë,
Et faute de logis coucher dans vne ruë;
Apprens en ce temps-cy que pour estre adoré,
Il faut estre veau d'or, ou bien asne doré;
Vn ieune impertinent, dont la sotte posture,
Sera de rajuster tousiours sa cheuelure,
Et de prendre conseil sur chacun des cheueux,
Qui souriant vn peu, puis parlant comme deux,
Apres auoir songé quelque meschante Phrase,
Adjoustera morbieu, pour donner de l'amphase,
Et de mauuaise grace, en faisant le censeur,
Méprisera le frere, & gaussera la sœur,
Perdra dans vn discours cent fois la contenance,
Fera rire les meurs de son impertinence,
Cherchera tout confus par vn discours nouueau,
Le fil de son discours autour de son chapeau,
Et ne le trouuant point finira sa harangue,
Par vn peste du sort, maugré-bieu de la langue,
Faut-il estre gesné dans la suitte des mots,
Passera pour habille au jugement des sots,
Et s'en faisant acroire, il voudra qu'on le prise,
Et qu'on donne le mot d'éloquence à sottise;
Le vulgaire croira qu'il est beaucoup sçauant,
Pour auoir osé mettre vn discours en auant,

Et se fera vanter par toute la contrée,
D'autant qu'il sçait par cœur vn compliment d'Astrée.
Vn autre moins hardy, mais aussi sot que luy,
Taschera, corrigeant les ouurages d'autruy,
D'acquerir du renom, et tout bouffy de gloire,
Pour monstrer qu'il a leu, vous mettra sur l'Histoire,
Accusera Duplex, blâmera Coiffeteau,
Dira que le discours n'est ny coulant, ny beau,
Et passant tout d'vn coup aux œuures de Plutarque,
Que cet homme doit estre affranchy de la Parque,
Mais qu'il n'apporte pas d'assez fortes raisons,
Et qu'il trouue à redire à ses comparaisons,
Que Ciceron estoit plus grand que Demostenes,
Bien qu'il eust derobé l'eloquence d'Athenes,
Apres pour assieger Renault de Montauban,
Que Charlemagne fit sonner l'arriere-ban,
Et puis recommençant vn autre Coq-à-l'asne,
Qu'il a leu quelquefois dedans Aristophane,
Mais que tous les Romans à son gré sont camus,
Aupres de son Maugis, ou de Nostradamus;
Enfin il vous rompra tout vn iour les oreilles,
S'imaginant auoir raconté des merueilles,
Et sous ombre qu'on sçait qu'il a vn peu d'argent,
Il est plus glorieux qu'vn Recors de Sergent;
Ainsi les ignorans ont tousiours l'aduantage,
Celuy qui pour tout bien a l'esprit en partage,
N'épreuue desormais qu'vn destin rigoureux;
On dit en le voyant dans le nombre des gueux,

Il est braue garçon, & de bonne famille,
Et s'il auoit du bien il seroit pour ma fille;
Car on estime plus ces riches libertez
Ainsi comme l'on tient sept superbes Citez,
Voyant que l'on vantoit par tout les vers d'Homere,
Disputerent iadis ce beau tiltre de Mere;
Toutes vouloient son Corps; sa besace, dit-on,
Demeura sans maistresse auecque son baston;
Car il ne peut iamais auec sa réuerie
Euiter ce facheux monstre de gueuserie;
On laisse le Poëte, & l'on croit en effet
L'auoir recompensé, disant, Il a bien fait.
Car s'il donne du vent à celuy qui l'employe,
Il le paye souuent de la mesme monnoye,
Ou si, peut-estre, il est en sa mauuaise humeur,
Il ne songera pas seulement au Rimeur;
Enfin pour auoir mis des lauriers sur la teste
D'vn poltron qui n'osa iamais leuer la creste,
Et de qui l'ignorance auroit plustost besoin
Qu'on luy fit vn present d'vne bote de foin:
On dira de tes Vers, pour toute recompense,
Vrayment ils tombent tous d'vne belle cadance;
Icy les medisans sont contraints d'auoüer,
Que l'Autheur a des trait qu'on ne peut trop loüer,
Et qu'il a bonne grace à composer vn Liure,
Les Muses cependant ne donnent pas à viure;
Ce n'est pas d'aujourd'huy, car aux siecles passez,
Leurs trauaux ont esté fort mal recompensez;

DV PARNASSE.

Et sçais-tu bien pourquoy ces neuf sœurs sont pucelles,
C'est qu'aucun des mortels n'ont iamais voulu d'elles,
Qu'elles n'ont rien vaillant, & que leur pauureté
A conserué l'honneur de leur virginité,
En vn mot qu'elles sont dedans vne campagne,
N'ayant pour se loger qu'vne pauure montagne,
Et peuuent bien loüer la valeur de Maugis,
Qu'elles n'ont pas moyen de loüer vn logis.
Quittes donc Apollon dont tu prônes la gloire,
Puis qu'aussi bien ce Dieu n'a que de l'eau pour boire;
Car ie connois fort bien à ton rouge museau,
Qu'vn homme comme toy ne sçauroit boire d'eau;
Ou si tu veux encor faire des vers sans cesse,
Que ce ne soit au moins que pour nostre Princesse;
Tu sçais qu'elle a dessein de te recompenser;
C'est à toy, cher Adam, maintenant d'y penser;
Pour moy qui ne vis point dans l'espoir du salaire,
Et qui ne pretends rien que l'honneur de luy plaire,
Ie iure par celuy qui preside à Neuers,
De ne faire iamais que pour elle des Vers,
Et quand i'auray finy ma Tragi-Comedie,
Que ie me gueriray de cette maladie;
Ie veux bien estre apres priué de iugement,
Si ie songe iamais à Rimer seulement,
Si ce n'est quelquefois pour faire vne Satyre.
Adieu lis bien ces Vers que ie te viens d'escrire,
Apres auoir resué sur mon Luth ce matin,
Et maudit mille fois la Muse & le Destin.

        CARPENTIER DE MARIGNY.

APROBATION

A Maistre Adam, Menuisier de Neuers, sur ses Cheuilles.

SONNET.

IE ne veux plus resuer dessous ces Lauriers verds,
Qui chargent l'Helicon, & qui parent sa cime;
Qu'on ne me parle plus d'Hemistiche, ou de Rime,
Ie berne desormais tous les faisseurs de Vers.

Le plus sage Poëte a l'esprit de trauers,
Quoy qu'on dise qu'vn Dieu le transporte & l'anime;
Ce feu qui rend l'esprit & perçant & sublime,
Est cause qu'on se perd dans le vague des airs.

Tu sçais que le Rimeur est tousiours miserable,
Et toy-mesme enuers nous n'est-tu pas insoluable
Pour les vers que pour toy nous voyons si bien faits ?

Tu n'en sçaurois douter, quoy que le sort ordonne,
Tu ne feras iamais ny Coffres, ny Buffets
Pour mettre en seureté les tresors qu'on nous donne.

DV PELLETIER.

A Maistre Adam Menuisier de Neuers, sur ses Cheuilles.

EPIGRAMME.

ON void bien que ton Bois, Menuisier de Neuers,
A senty la coignée au croissant de la Lunne,
 Quand tu viens ioindre icy ta gloire à ta fortune,
Ainsi l'abandonnant à la mercy des Vers.

Autant qu'en ta Maison tu sçais que la Nature,
 Sous vn lambry doré loge la pouriture,
  Et que contre le Temps rien ne demeure entier.
Mais iugeant que tes Vers à ce Temps fait la nique,
 Hardy, tu viens icy nous ouurant ta Boutique,
  Te faire renommer seul Maistre en ce Métier.

DE VILLENES.

APPROBATION

A Maistre Adam, Menuisier de Neuers, sur ses Cheuilles.

STANCES.

TOY que la Scie & la Varlope
Ont si long-temps entretenu,
Dis-moy, comme es-tu deuenu
L'vn des mignons de Calliope ?
Cette Nimphe & toutes ses sœurs
Ne tirent leurs sainctes douceurs
Que du repos & du silence,
Et ton ordinaire mestier
Plain de bruit & de turbulance
Vouloit son homme tout entier.

C'est un prodige veritable,
Et connu par tout l'Vniuers,
Que tu fais mieux les pieds d'vn Vers,
Que ceux d'vn lit, ou d'vne table;
Bien que celebre Menuisier,
Tu t'es tant laué le gosier
Des eaux qui coulent d'Hypocrene,
Que les Poëtes plus fameux
N'ont plus rien à cette Fontaine,
Si tu n'y partages comme eux.

Aussi tous ces hommes d'élite
Font tant de cas de tes Escrits,
Qu'ils ont à l'enuie entrepris
D'en faire éclater le merite :
Moy qui ne les suis que de loin,
Ie laissois vn si noble soin
A cette bande venerable;
Mais ma Muse ne pût celer
Qu'elle se rendroit plus coulpable
De se taire que de parler.

f ij

APROBATION

Aussi ta rare suffisance,
A tant de reputation,
Qu'elle sert d'occupation
A toutes les plumes de France :
Qui manqueroit à ce deuoir,
Celuy-là ne sçauroit auoir
D'assez legitimes excuses,
L'on te connoist où que tu sois,
Qui n'a iamais connu tes Muses,
N'a iamais parlé bon François.

Enfin si quelqu'vn s'en exempte,
C'est qu'il n'en a pas le loisir,
Ou qui ne prend point de plaisir
Quand la gloire d'autruy s'augmente,
C'est qu'il a peu d'honnesteté,
Ou peu de bonne volonté,
Ou trop d'autres solicitudes,
Sans plusieurs autres que ie voy,
Honteux d'auoir fait leurs estudes,
Et n'en sçauoir pas tant que toy.

DV PARNASSE.

En effect on sçait que les Muses
T'ont si parfaitement chery,
Qu'elles n'ont point de fauory
Où soient tant de graces infuses :
La Nature t'auoit caché,
Mais l'on sçait qu'elles t'ont cherché
Pour t'apprendre l'Art Poëtique;
L'on sçait qu'elles ont annobly
Toy, ta Famille, ta Boutique,
Tes Outils, & ton Eſtably.

Auant vn si bel aduantage,
Toy-mesme oserois-tu nier,
Qu'à peine auois-tu le denier
Pour entretenir ton ménage,
Et depuis tout le monde sçait,
Que tu nages à tel souhait
Dedans les ondes du Pactole,
Qu'à tous moments on te peut voir
Aux mains vne double pistole,
Ou lettres pour en receuoir.

APPROBATION

Ces Muses, contre leur coûtume,
Te voulurent persuader,
Et par miracle accommoder
Ton Rabot auec vne plume :
Au moins si tu n'as pas esté
Cét Adam de l'antiquité,
L'aisné de tout tant que nous sommes,
Comme elles y remediront,
Tu seras le premier des hommes
Que leurs bien-faits enrichiront.

Cette route est si peu commune,
Qu'vn autre s'y fouruoyeroit,
Tout le monde s'appauuriroit
Par où tu bastis ta fortune,
Et si tes desseins sont heureux,
Ils ne sont pas moins genereux,
Pour te rendre digne d'enuie,
I'en voy mille à s'inquieter
De la conduite de ta vie,
Et pas vn seul à t'imiter.

Quand tu chemines par la ville,
Tout le peuple qui t'aperçoit,
S'entr'assemble, te monstre au doit,
Et te remarque entre dix mille,
Voyez-vous bien, ce disent-ils,
Voila l'esprit des plus gentils
D'entre ceux qu'on nomme Poëtes,
C'est luy qui de simple Artisan.
Par des entremises secretes,
Est deuenu grand Courtisan.

Son renom force le silence,
Il est connu comme le iour,
C'est luy qu'on appelle à la Cour,
Le Menuisier par excellence,
Tout le monde le veut auoir,
Et chacun accourt pour le voir,
Comme à quelque nouueau miracle,
Ses admirateurs infinis,
Le regardent comme vn spectacle,
Aussi rare que le Phenis.

APPROBATION

Outre cet honneur legitime,
Que nostre vulgaire luy rend,
Toute la Cour n'a point de Grand
Qui ne l'ayme & qui ne l'estime ;
Les plus éloignez du commun
Ne chargerent iamais quelqu'vn
De plus fauorables caresses,
Et sur tout cet homme charmant
Plaist à l'esprit de ses Princesses,
Comme il plut à celuy d'Armand.

De vray ces Dames vertueuses,
Ces merueilles de l'Vniuers,
Obligent bien souuent tes Vers
A des courses impetueuses,
Aussi par les puissans attraits,
De leurs magnifiques bien-faits,
Ta franchise est-elle asseruie,
Aussi n'as-tu pas entrepris
D'employer pour elles ta vie,
Et la laisser où tu la pris.

Et cet

DV PARNASSE.

Et cet autre objet de ta Muse
Que l'on reuere en tant d'endroits,
Dont tu peux esperer des droits
Que la Nature te refuse;
Ton Heros ce gand Cardinal,
Est si bon & si liberal
Aux équitables recompenses,
Qu'il s'en va te faire arriuer
Où tes plus hautes esperances
N'auoient osé te releuer.

Dans vne si bonne posture
Où t'a déja mis la vertu,
Adam, que desirerois-tu
Pour embellir ton aduenture,
Qu'aurois-tu plus à demander,
Rien ne te peut incommoder
Sous ces fauorables Auspices,
Les plus rudes aduersitez
N'ont pas assez de precipices
Pour perdre tes felicitez.

APPROBATION

Va, mon cher Amy, ie souhaitte,
Que Le Ciel te tienne en ce point,
Sur tout ne t'enorgueillis point
D'vne fortune si parfaite;
Et comme vn tas de libertins,
N'en rends pas graces aux Destins,
Non plus qu'à l'humaine Prudence;
Mais rends-en la gloire & l'honneur
A la Diuine Prouidence
De qui te vient tout ce bon-heur.

DE LA CHAIRNAIS.

A Maiſtre Adam, Menuiſier de Neuers.

EPIGRAMME.

ADam, je ſçay mieux l'aduantage
Que tu as à faire des Vers,
Que tous ceux qui t'en font hommage,
Puis qu'il eſt vray qu'en ton bas âge,
Tu vins m'apporter à Neuers
Les premices de ton Ouurage,
Et qu'en t'augmentant le courage
En pluſieurs rencontres diuers,
I'exerçay ton apprentiſſage,
Et formay dés-là mon preſage,
Que tu ſerois dans l'Vniuers
Vn iour vn rare perſonnage.
N'en deſire pas dauantage
D'vn Poëte à tors & à trauers,
Qui de rimer n'entend l'vſage:
Et veut ſi cet eſcrit t'outrage
Que tu le colloque à l'enuers
Derriere ton Liure au Bagage.

DV PVY.

APPROBATION

A Maistre Adam, Menuisier de Neuers, sur ses Cheuilles.

STANCES.

Adam, par quel estrange effet,
   Sans auoir courtisé les Muses,
As-tu l'assemblage parfait
De tant de sciences infuses ?
Aurois-tu tout seul herité
Du nom & de la qualité
Que posseda le premier Homme,
Qui dés le mesme instant que Dieu l'eût mis debout,
Auant qu'il eût gouté de la fatale pomme,
Sans auoir rien apris, comme toy, conneut tout.

DV PARNASSE.

    Oüy sans doute, & quelques merueilles
Que l'on puisse dire de luy,
Ie les treuue en toy si pareilles,
Qu'il semble renaistre aujourd'huy.
Non en te loüant ie t'offence,
Car malgré tant de connoissance
Il fut par la femme seduit;
Mais non plus que le sien ton cœur n'est pas de marbre,
Et comme il fut tenté d'en accepter le fruit,
Tu le serois aussi de te seruir de l'arbre.

    En ce point i'estime ton sort
Plus que le sien digne d'enuie,
Que le fruit luy donna la mort,
Et l'arbre te donne la vie,
Mesme par vn effet plus beau
Tu peux affranchir du tombeau
Ton Nom si cher à la memoire,
Et ton diuin Esprit qui charme les humains,
Peut icy batissant le trône de ta gloire
Espargner noblement cet office à tes mains.

                         DESFONTAINES.

APPROBATION

Du mesme.

EPIGRAMME.

REtirez-vous lasches Critiques,
    Esprits bourus & frenetiques,
On ne sçauroit icy vous voir qu'à vostre dam;
Loin de ce Liure, ames prophanes,
Les Cheuilles de Maistre Adam,
Ne sont pas en ce lieu pour attacher des Asnes.

AVTRE EPIGRAMME.
A luy-mesme.

MAistre Adam, il faut aduoüer,
    Qu'on ne te sçauroit trop loüer,
Veu qu'Apollon & les neuf Filles,
Confessent icy hautement,
Que tout leur diuertissement
Est desormais en tes Cheuilles.

                  DESFONTAINES.

A Maistre Adam, Menuisier de Neuers, sur ses Cheuilles.

STANCES.

CEs beaux Vers surprennent mes sens,
Ils me paroissent des merueilles,
Ils sont si doux & si puissans,
Qu'ils charment toutes les Oreilles,
Et les plus diserts d'aujourd'huy,
Se doiuent taire deuant luy.

Tout ce qu'il pense, ou qu'il escrit,
A tant de force & d'elegance,
Que déja son diuin Esprit
A fait confesser à la France,
Que le Menuisier de Neuers
Polit moins le Bois que les Vers.

Le Marquis D. P. de B.

APPROBATION

A Maistre Adam, Menuisier de
Neuers, sur ses Cheuilles.

STANCES.

Adam en qui les chastes sœurs
Ont distillé tant de douceurs,
Qu'aujourd'huy l'on ne sçauroit dire,
Quels de leurs plus chers nourriçons
Sçauent mieux que toy les façons
D'entonner vn Vers sur la Lyre.

Ces Carmes si beaux & diuers,
Faits pour l'Esprit de l'Vniuers,
Et le plus fort & le plus rare,
Font voir assez éuidemment,
Que Phœbus veritablement
Te sert de Lumiere & de Phare.

DV PARNASSE.

❦

Que l'Eſtude iointe auec l'Art
Acheue vn portraict à l'Eſcart
De quelque parlante Peinture,
Quant à moy ie ne penſe pas
Qu'ils preualent ſur les appas
Que va produiſant ta Nature.

❦

Si mon Eſprit ne ſe confond,
Les Orateurs du temps ſe font
Par vne longueur indicible,
Au contraire, ce qui m'en plaiſt,
C'eſt que le vraye Poëte naiſt
Auec vne Verue inuincible.

❦

Rien n'eſt impoſſible à celuy
Dont l'œil du iour ſouſcrit l'appuy,
Et la protection entiere,
Aduoüant ſes inuentions
Sur les naïfues productions
Qu'il produit & met en lumiere.

❦

APPROBATION

*L'on void parmy cet Vniuers
Tant de forcez & rudes Vers
Sortir d'vne vaine moisie,
Qu'ils dégoustent tous les Lecteurs
Parce que leurs mauuais Autheurs
Forcent tousiours la Poësie.*

*Encore qu'ils parlent Latin,
Ils n'ont pas pourtant le Destin,
Ny mesme la bonne Fortune
De reüssir dans leurs Escrits
Comme font ces diuins Esprits
A qui la Verue est opportune.*

*Qu'ils fassent comme Sainct Amant,
Qui brille ainsi qu'vn diamant
Dans le siecle ingrat où nous sommes,
Void-on d'eux quelque mouuemens
Aboutir dans les ornemens
Qu'estale ce Miroir des Hommes.*

DV PARNASSE.

Il se surmonte incessamment,
Il encherist iournellement
Sur le bien faire & le bien dire,
De sorte qu'il faut aduoüer
Qu'on ne sçauroit assez loüer
Ce que sa plume vient d'escrire.

L'Enuie en dépit de sa dent,
Dit que son venin plus ardent
Ne peut auoir sur luy de prise,
Tant il est vray qu'il fait si bien
Qu'apres ses Vers on ne void rien
Qui soit pur & de bonne mise.

Soit qu'il parle des Matelots
Qui combattent contre les flots
D'vne mer remplie d'orage,
Ou qu'il peigne l'hostilité
De Mars dans la Trace irrité,
C'est où luit son masle langage.

APPROBATION

※

S'il fait souspirer vn Amant
Sur la rigueur & le tourment
Que luy donne vne belle Dame,
N'exprime-il point le malheur
De sa rage & de sa douleur,
Par des traits de feu & de flâme?

※

Si parfois pour se diuertir,
Il prend plaisir à consentir
De declamer contre le vice,
Ne le Satyrise-t'il pas
Si viuement, qu'il met à bas
Les instrumens de la Malice.

※

Enfin il emporte l'honneur
D'estre meilleur Chantre & Sonneur
De tous ceux dont on fait du conte,
Apollon l'ayme tellement,
Qu'il prend plaisir asseurement
Qu'aucun ne le passe & surmonte.

※

DV PARNASSE.

Apres luy, qui fait mieux que toy?
Personne ne te fait la loy,
Chacun admire tes Ouurages,
En ce qu'ils sont si dextrement
Tournez dans l'adoucissement,
Qu'ils reueillent tous les Courages.

Moy-mesme qui sents que l'Hyuer
Me contrainct mesme d'arriuer
A subir l'Arrest de la Parque,
Ne puis m'empescher chaque iour
De les relire tour à tour,
Attendant la fatale Barque.

Il n'y a point de médisant,
Qui ne confesse en les lisant,
Qu'ils sont enrichis de la grace
De tout ce qu'on void en effet
Et de polly et de parfait,
Sur le double mont de Parnasse.

SALLARD.

Plainte Contre Maiſtre Adam, Menuiſier de Neuers.

STANCES.

Svperbes Deïtez du Temple de Memoire,
    Muſes à qui tous les mortels
    Offrent des vœux & des Autels;
A qui confiez-vous voſtre plus chere gloire?
Vous que les plus Sçauans implorent à genoux,
    Pourquoy vous proſtituez-vous
A ceux dont icy bas la Fortune ſe iouë?
Et pourquoy verſez-vous vos eaux deſſus la boüe,
Pour en faueur d'vn ſeul faire mille jaloux?

Donc en vain noſtre vie en destrauaux ſe paſſe,
En vain nous-nous chargeons de ſoins,
Si celuy qui vous ſert le moins
Paroiſt pour noſtre honte au faiſte du Parnaſſe :
Apres avoir perdu le plus beau de nos ans,
Au milieu de vos Courtiſans,
Vn ſimple Menuiſier aujourd'huy nous devance,
Et nous fait aduoüer, à l'honneur de la France,
Qu'il y a des Heros parmy ſes Artiſans.

DE CHARPY.

APPROBATION

A Maiſtre Adam Menuiſier de Neuers, ſur ſes Cheuilles.

EPIGRAMME.

EXcellent & noble Billaut,
　Dont la plus docte des neuf Filles
Empoignant en vain le Rabot,
Sans te diminuer a fait tant de Cheuilles:
Honneur du ſejour de Neuers,
Bien que tu ſois tout plein de Vers,
Tu n'en es pas moins eſtimable;
Car ſur tout autre bois ton aduantage eſt tel
Qu'au lieu que par les vers il deuient periſſable,
Les tiens te rendront immortel.

P. RICHER.

A Maistre Adam, Menuisier de Neuers, sur ses Cheuilles.

EPIGRAMME.

Puisque ce docte Menuisier,
   Lors qu'il veut tourner vn Laurier,
Fait des choses digne d'enuie :
La liberalité des Roys,
Pouroit defendre qu'en sa vie
Il trauaillast sur d'autre Bois.

TRISTAN L'HERMITE.

APPROBATION

A Maistre Adam, Menuisier de Neuers, sur ses Cheuilles.

EPIGRAMME.

ORphée auec son Lut attiroit autrefois
Par des Airs rauissans les forests & les bois,
Mais ton art, Menuisier, fait bien d'autres miracles,
Car le Bois par tes mains forme de si beaux sons,
Morphée estant rauy de tes belles Chansons,
Se tait pour mieux pouuoir entendre ces Oracles.

GRENAILLE.

A Maistre Adam, Menuisier de Neuers, sur ses Cheuilles.

RONDEAV.

DE Maistre Adam voicy l'apprentissage,
Qui pourtant est vn tres-parfait Ouurage,
Et qui fait voir en cent moyens diuers,
Que les neuf sœurs ont fait naistre à Neuers,
Vn qui gaignoit leur Art au Robotage :

   Si d'vn Heros vous voulez voir l'image,
De Mars, d'Amour, du Printemps, des Hyuers,
Ou des vertus, ou d'vn Siecle peruers,
Il le faut voir icy dans le langage
     De Maistre Adam.

   Or Apollon dés la premiere page,
Sur mon honneur, en creuera de rage,
Et regardant ce Liure de trauers
Il brisera son outil chante-Vers,
Pour en auoir vn fait du façonnage
     De Maistre Adam.

LE CADET.

APPROBATION

A Maistre Adam, Menuisier de Neuers, sur ses Cheuilles.

RONDEAV.

D'Vn Menuisier les Ouurages diuers,
Sont estimez par tout comme à Neuers,
Mille fois plus que tout l'or de l'Asie.
Il les bastit suiuant sa fantaisie,
D'vn Bois choisy d'entre tous les plus verds.

C'est d'vn Laurier qui ne crains les Hyuers,
Et qui ne peut estre percé des Vers :
Bien qu'il soit cru dedans la Poësie
  D'vn Menuisier.

Le Cardinal, Honneur de l'Vniuers,
Cherry des bons, enuié des peruers,
D'vn doux plaisir a son ame saisie :
Quand sous des traicts d'vne grace choisie,
Il voit son nom escrit dedans les Vers
  D'vn menuisier.

BEAV-SONNET.

A Messieurs nos Poëtes.

EPIGRAMME.

Accordez le tout net, & n'ayons point de noise,
L'excellent Menuisier fait tout si reiglement,
Qu'encor qu'un de ses Vers n'eut qu'un pied seu-
   lement.
Il vaudroit vos meilleurs fussent-ils d'une toise.

MARTIAL.

APPROBATION

LE LIBRAIRE,

A Maistre Adam, Menuisier de Neuers, sur ses Cheuilles.

EPIGRAMME.

INcomparable & grand Rimeur,
Ie croirois auoir fait vn crime,
Si passant pour ton Imprimeur,
Ie ne t'escriuois pas en rime ;
Priant le bon Pere Bacus,
Qui vaut bien mieux que les neuf Filles,
Qu'il me procure autant d'écus,
Que tu m'as donné de Cheuilles,
Afin de traiter les Autheurs
Dont tu fais tes Approbateurs.

TOVSSAINT QVINET.

AVTRE EPIGRAMME.
A luy-mesme.

Maistre Adam ruminoit des Vers,
Tenant en sa main sa Varlope,
Quand il apperceut Caliope
Qui le vint trouuer à Neuers;
Cette genereuse Pucelle
Luy fit faire vne grande échelle,
Et puis en luy disant, Suis-moy,
Luy fit conceuoir tant d'audace,
Qu'il en monta sur le Parnasse,
Puis tira l'eschelle apres soy.

TOVSSAINT QVINET.

Al gentilissimo, ed vnico Maestro Adamo.

MADRIGALE.

Adamo, ne' tuoi detti,
Ne' tuoi rari concetti,
Ne' tuoi Cauicchi reisci tanto destro,
Ch' appunto noi pensiamo
Tu sia quel primo Adamo,
Che sappiam dotto fu senza Maestro:
Fúllo con peggior sorte,
Diélli Scienza la Morte,
Scienza tu riceuesti,
Perche poi, quanto 'l Tempo, tu viuesti.

BENSE-DVPVIS.

Casamiento

Casamiento del Cepillo de Maestro Adamo, Con la Lyra de Apolo.

Dezimas Castellañas.

Apolo. **O**Yga Señor Trobador
    Escuche Señor Adamo?
Adamo. Maestro Adamo me llamo,
    Que mal se calça vn Señor
    Con vn Acepillador.
Apolo. Sin duda en Helicon fuystes,
    Y en Hipocrene beuistes?
Adamo. En tiendas de Baco sì,
    Que muchas vezes beuì,
    No me entiendo dessos chistes.

APPROBATION

※

Me haze voste sinrazon,
A fè que me burla, à fè
Señor galan que no sè
Si Hipocrene y Helicon
Es taberna o bodegon.
Apolo. *Y tanto Adamo, sabeys?*
Tan brauos Versos hazeys,
Que amis mayores priuados
Dexays todos assombrados,
Y itro Apolo pareceys.

※

Adamo. *Por Dios que no sè dezillo,*
Solo sè que hize clauijas,
Que alabanse por hijas
De mi humilde Cepillo,
Apolo. *Hijas de Padre alentado,*
Cepillo de insigne brio,
Pues sabe hazer desafio
Con su estile estremado
Al ingenio mas confiado.

※

DV PARNASSE.

Vna Merced pues os pido,
Adamo, si soys seruido,
Que mi Lira pueda ser
Desde agora su muger,
Y honrarle como a marido.
Picaranse de limadas
S'us obras, por cepilladas;
En todo si a de acertar
Si le consentis lleuar
Clauijas tan acertadas.

BENSE-DVPVIS.

APPROBATION

A Maistre Adam, Menuisier de Neuers, sur ses Cheuilles.

EPIGRAMME.

EN vain quelque faiseurs de Vers,
Viendront d'vn regard de trauers,
Blasonner tes œuures gentilles;
Car ces Critiques Lougarous,
N'y sçauroient trouuer tant de trous,
Qu'on n'y trouue autant de Cheuilles.

LA POIREE.

A Maistre Adam Menuisier de Neuers, sur ses Cheuilles.

EPIGRAMME.

APollon depité de sa Lyre rompuë,
Par quelques ignorans, qui vouloient l'ac-
  corder;
Tes Cheuilles alors paressant à sa veuë,
S'offrirent à propos pour la racommoder.

P. MESMYN

APPROBATION

A Maistre Adam, Menuisier de Neuers, sur ses Cheuilles.

EPIGRAMME.

Quand ie contemple mon vaisseau
　Du tillac iusques à la quille,
Ie n'y trouue point de Cheuille,
Qui ne puisse perir dans l'eau ;
Les Cheuilles de ton ouurage,
Adam, l'exemptent du naufrage,
Malgré les flots imperieux ;
Et font que sa force animée,
Du souffle de la Renommée
L'éleue aussi haut que les Cieux.

VIEVX-MARCHE'.

A Maistre Adam, Menuisier de Neuers, sur ses Cheuilles.

EPIGRAMME.

SI tu veux rejoüir Daguerre,
Ne rime plus que sur la Guerre,
D'où Triomphans nous reuenons :
Chante la valeur Heroïque,
Et mets le Bois de ta Boutique
A faire des fusts de Canons.

DAGVERRE.

APPROBATION

A Maistre Adam, Menuisier de Neuers, sur ses Cheuilles.

EPIGRAMME.

SI i'auois de telles Cheuilles
Pour placer les Armes du Roy,
Mille curieuses familles,
Adam, s'adresseroient à moy,
Pour voir les admirables charmes
Des Cheuilles comme des Armes.

SAINCT MALO.

A Maistre Adam, Menuisier de Neuers, sur ses Cheuilles.

EPIGRAMME.

AMY pour qui le Ciel épuisa ses merueilles,
   Et ce qu'il auoit de plus beau,
Toy qui par tes labeurs & par tes doctes veilles,
Mets ton nom pour iamais à couuert du tombeau.
  Cher Adam, ne croy pas qu'en ce lieu ie pretende
   Ioindre vne si petite offrande.
   A ce que t'ont voüé tant de rares Esprits;
Ie sçay trop de combien ie cede à leur merite,
Mais, comme eux en public, souffre que ie m'aquite
En mon particulier de ce qu'à iuste prix,
Toute la terre doit à tes nobles Escrits,
Que chacun voit, & que pas vn n'imite.

LE MARQVIS D'ARIMANT.

A Maistre Adam, Menuisier de Neuers, sur ses Cheuilles.

SONNET.

Qvand ie me fis Comedien,
I'estois vn pauure personnage,
Et ie vous iure qu'vn beau-rien
Estoit mon vnique bagage.

Maistre Adam, vous sçauez tres-bien,
Quoy que ie n'aye point de Page,
Que i'ay pourtant trouué moyen
De dresser vn bel équipage;

Mais il n'a point de logement,
Pour qu'il en ait vn promptement,
Ce petit Sonnet ie vous offre,

Mon cher Menuisier de Neuers,
Obligez-moy d'y faire vn coffre
Qui ne soit point sujet aux vers.

D'ARGIS.

A Maistre Adam, Menuisier de Neuers, sur ses Cheuilles.

EPIGRAMME.

J'AY fait ces vers d'aussi bon cœur,
Que iamais tu fis Escabelle,
Grand Menuisier, grand Raboteur,
Mais ma Rime n'est pas trop belle.

Tu ne dois pourtant refuser
Mon ouurage, bien qu'vn peu rude,
Et tu peux vn sexe excuser,
Qui non plus que toy n'a d'estude.

Si ie pouuois, ie ferois mieux,
Pour te monstrer ma bienueillance;
Mais sçaches qu'aussi ie ne veux,
Ny grand-mercy, ny recompense.

Mlle. DE BEAV-PRE'.

APPROBATION

A Maistre Adam, Menuisier de Neuers, sur ses Cheuilles.

EPIGRAMME.

ADam, vn fol de Serurier,
Qui voudroit tes Vers décrier,
Et ne peut soufrir ton estime,
Tous les iours contre moy s'escrime,
Il me soûtient, le pauure sot,
Que pour bien polir vne Rime,
Il se faut seruir de la Lime,
Et ie tiens que c'est d'vn Rabot.

Sᵗ. GERMAIN.

DV PARNASSE.

ΕΙΣ ΤΕΚΤΟΝΑ ΜΟΥΣΟΦΙΛΟΝ ΚΑΙ
Δαφνηφάγον Κελτικόν.

ΕΠΙΓΡΑΜΜΑ.

ΤΕΚΤΟΝΙ μὴ ἐπέων φθονέῃς ὡς· Τέκτονι Τέκτων
 Φοῖβε Πάτερ Μουσῶν ὃς καλὰ μᾶλλον ἔπει.
Μηδὲ μελιχρυσόεντα λόγον θαυμάζετε Κέλται,
 Κλεπτέμεν οὐ δύναται πᾶν ὃ δέδωκε φύσις.
Ἕλληνες δ᾽ σιγᾶτε θεῶν & Τέκτονος υἱὸν,
 Ἡμῖν γὰρ Τέκτων Φοῖβος Ἀπόλλω ἔφυ.

ΙΟΑΝΝΗΣ ΙΑΚΧΟΥΕΤΙΟΣ Ῥητορικῆς, Τέχνης
καὶ ἑλληνικῶν, γλωττῶν διδάσκαλος Ἰατρός.

De Fabro lignario non ignobili Poetâ.

EPIGRAMMA.

Vdijt Ismarius modulantem vt carmina Fabrum,
  Ingemit, atque suam credit habere Lyram;
Ignoto dubitat quæ sors commisit habendam,
  Restituique sibi litigat ante Deos.
Olli at subridens, non est tua, dixit Apollo,
  Runcinâ fecit nam Faber ipse suâ.

Aliud eiusdem.

Laudare meritò si quis hos velit versus
Sar dicat esse prorsus affabrè factos.

FRANCISCVS DE MEZERAY,
Rerum Francicarum Scriptor Historicus.

Adamo Fabro Lignario.

Miror Adame tuum Genium, qui rauca laboris
Murmura non fugiens, carmina tanta canit.

Ioannes Aquilius, 8. ann. natus.

Currite Pierides iam iam quatit icta securi
    Sylua, nemus totum concidet ipse faber,
Pegaseis satiatus aquis, & Apolline plenus
    Contentus Lauro Cætera ligna stabunt.

COVRADE.

A Maistre Adam Menuisier de Neuers, sur ses Cheuilles.

EPIGRAMME.

ADam, chacun dit par la ville,
Qu'vn Charpentier qui rime bien,
Est allé trouuer Sommauille,
Pour vn Labeur comme le tien:
Ie preuoy que femmes & filles,
Trouuans plus grosses ces Cheuilles
Que celles qu'Imprime Quinet,
Leur feront vn meilleur visage,
Et pour attacher leur bagage
Les mettront dans leur Cabinet.

B. dit LA MICHE.

A Maistre Adam, Menuisier de Neuers, sur ses Cheuilles.

EPIGRAMME.

TV m'as promis, cher Menuisier,
   Plus de quinze iours de ta peine,
Pour racommoder nostre Scene,
Sans en vouloir vn seul denier;
Mais quitte vn soin si difficille,
Diuin Raboteur de Neuers,
Tu nous seras bien plus vtile;
Si tu nous donne de tes Vers;
Bien que pour Raboter tu sois en grande estime,
Croy-moy, mon cher Adam Billot,
Que ta Scie & que ton Rabot,
Feront bien moins pour nous, que ne fera ta Rime.

FLORIDOR.

APPROBATION

A Maiſtre Adam, Menuiſier de
Neuers, ſur ſes Cheuilles.

EPIGRAMME.

Menuiſier vos Rimes ſont belles,
Plus cent fois que vos Eſcabelles,
Tout ce que voſtre plume a fait
Sont des chef-d'œuures en effet,
Vous auez la vertu profonde
Qu'auoit l'Adam du premier monde,
Car vous eſtes ſçauant ſans art,
Et voſtre ſçauoir beau ſans fard :
Mais à propos de ce vieux Pere,
Vous ne direz pas le contraire,
Que le bon-homme n'eut grand tort,
Maiſtre Adam, qu'elle eſt voſtre enuie,
L'imprudent nous donna la mort,
Et vous luy redonnez la vie.

Mlle. DORGEMONT.

A Maistre Adam, Menuisier de Neuers, sur ses Cheuilles.

EPIGRAMME.

Vous Reigle, & vous Compas, qu'Adam trans-
 forme en plume,
Qu'vn fiel de vain orgueil contre vos Vers ne fume:
Est-il dit qu'Apollon, Dieu qui se fit Bouuier,
N'ose sur vn Poëte enter vn Menuisier?

Mlle DE GOVRNAY.

APPROBATION

A Maistre Adam, Menuisier de Neuers, sur ses Cheuilles.

EPIGRAMME.

ADam separé du vulgaire,
N'a pas ce Destin ordinaire,
Qui du Temps redoute la loy ;
Et la mesme Vertu secrette
Qui d'vn Potier a fait vn Roy,
D'vn Menuisier fait vn Poëte.

GOMBAVLD.

AVTRE EPIGRAMME,
A luy-mesme.

CE fameux Artisan, si cher à la memoire,
D'effet, comme de nom, le premier des humains,
Entre autre ouurage de ses mains,
S'est dressé des Autels au Temple de la Gloire.

ROTROV.

A Maistre Adam, Menuisier de Neuers, sur ses Cheuilles.

STANCES.

TOY qui sans auoir rien apris,
 Fais des Vers à charmer les Muses,
Esprit merueille des Esprits,
As-tu des sciences infuses.

 Tu prouues mieux que cent raisons,
Qu'on est sçauant dés la naissance,
Et que tout ce que nous disons,
N'est rien qu'vne reminissence.

 Seruiette en teste & verre en main,
Entre le froumage & la poire,
En réuant tu remets soudain
Quelque belle œuure en ta memoire.

APPROBATION

Quels termes ont iamais tant plu,
Quelles conceptions meilleures,
Cependant tu n'as gueres lu
Que ton Alphabet & tes Heures.

Mais ce qui prend instruction
Dans l'Escolle de la Nature,
Vn iour de meditation
Vaut-t'il pas vn an de lecture.

Les Cieux, les Terres, & les Mers,
Se peuuent nommer de grands Liures,
Où ton esprit puise des vers
Dignes des bronzes & des cuiures.

Tout ce qu'ils ont de plus diuin
Tu sçais le prendre auecque adresse,
Et vendre au pris d'vn muy de vin
Vne goute d'eau de Permesse.

Le Poëte le plus studieux
A t'il le plus de recompence,
Et son sçauoir luy vaut-il mieux,
Que ne te vaut ton ignorance.

Les vers que le Tasse escriuoit,
Voloient par toutes les Prouinces,
Et tous les iours il receuoit
Lettres de Seigneurs & de Princes.

Enfin il fut comblé d'honneur;
Mais sans le bien, que sert la gloire?
Iamais ny Prince, ny Seigneur
Ne luy fit don d'vne escritoire.

Tu n'est pas en vain, comme luy,
Loüé iusqu'aux terres estranges,
Et pour toy les Grands aujourd'huy,
Ioignent les presens aux loüanges.

APPROBATION

Donc, ô Menuisier d'Apollon,
Coupe vn gros Laurier de Parnasse,
Afin d'en faire vn Viollon
Pour leur sonner tres-humble grace.

Les Muses t'ayment cherement,
Et filleront leur tresse blonde,
Pour monter ce docte jnstrument
Des plus belles cordes du monde.

A l'entour de toy danceront
Ces jeunes & sçauantes filles,
Tes riuaux en arrageront,
Et se pendront à tes Cheuilles.

DE L'ESTOILLE.

AVANT-PROPOS,
AV LECTEVR.

C'EST vne chose auerée par l'experience de tous les siecles, que la Poësie, quoy qu'elle se compte entre les Arts, neantmoins elle a cette condition particuliere par dessus les autres, qu'elle ne s'apprend point, & que pour pretendre d'y estre Maistre, il ne suffit pas d'en sçauoir les regles. De là les anciens nous ont dit, qu'on pouuoit faire des Orateurs, mais qu'il falloit naistre Poëte. Et de mesme ils ont tousiours crû que la Poësie estoit diuine, & qu'il falloit qu'il y eust quelque chose qui passant la portée des hommes, se deuoit attribuer à l'inspiration des Dieux. De façon que la chose estant comme elle est, il n'est pas bien merueilleux que dans vne personne d'vne naissance infortunée, ce feu diuin y fasse éclater ses rayons, & qu'il vienne illuminer vne matiere, qui pour estre mesprisée de la Fortune,

n

le Ciel n'a pas voulu pour cela moins fauoriſer. Ainſi quand Maiſtre Adam, de quelque condition qu'ait eſté ſa naiſſance, s'eſt treuué auec la puiſſance & la diſpoſition naturelle qui rend les hommes Poëtes, il n'y a rien eu en cela qui ait eſté capable de dôner de l'admiration; mais bien que ſans l'aide de l'exercice, qui eſt abſolument neceſſaire pour mettre les puiſſances dans l'action, tout d'vn coup il ait fait paroiſtre des effets d'vne puiſſance qui deuoit toûjours demeurer enſeuelie à faute d'auoir eſté dans ſon temps miſe en acte, & deuëment exercée: Car ſi les choſes auſquelles la Nature nous a dônné le plus de puiſſance, comme de marcher & de courre, demandent qu'on s'en aquiere l'abitude par des actions reïterées, ſans leſquelles elles s'aneantiſſent preſque entierement, que peut-on dire de celles qui n'eſtans point attachées par neceſſité à noſtre eſtre, ne ſe remarquent en quelques particuliers, que comme des productions plus égayées, où la Nature a voulu monſtrer, iuſqu'où elle pouuoit pouſſer ſes ouurages les plus acheuez. Certes il faut aduoüer que c'eſt pour ſes habitudes, qui ont tant d'extraordinaire, que l'exercice y eſt dauantage requis, il faut qu'il ſupplée à vne diſpoſition qui n'a pas tant de liaiſon auec noſtre nature, & qu'il fortifie par vne longue continuë, ce qui pour n'eſtre point de l'vſage de la vie, paroiſt en quelque façon eſtranger. Partant ce n'eſt pas vne petite merucille que

AVANT-PROPOS.

Maiftre Adam eftant né, & ayant paffé le meilleur de fon âge fous cette dure neceffité, qui abaiffe ce qui eft de plus releué dans le monde, il ait neantmoins furmonté. Et que nonobftant qu'il fuft accablé fous la matiere, il ait pû de luy-mefme s'en démefler. Au lieu de trauailler à polir fon efprit, & à perfectionner cette puiffance fi belle & fi noble, il ne f'éuertuoit qu'à acquerir l'induftrie d'ajufter du aiftre ou du chefne, & fa plus grande fuffifance fe terminoit à connoiftre lequel eftoit le plus propre pour fa befongne. Eftrange apprentiffage, pour deuenir vn iour Maiftre d'vn Art, qui fe vante de ne tenir rien que des Dieux. Et cependant fans tous les foins & les veilles neceffaires pour rendre l'ame capable de déployer cette puiffance plus qu'humaine, au contraire attaché à vn penible & vil meftier, qui deuoit eftoufer ce qu'il pouuoit auoir de plus noble, il fait paroiftre à la veuë de tout le monde des ouurages auffi accomplis, que s'il auoit paffé par tous les degrez, par lefquels ont monté ceux qui ont acquis la gloire de bons Maiftres. La diuerfité de fes pieces eft auffi grande que f'il auoit employé toute fa vie à cueillir les diuerfes fleurs des riuages de la Grece, & de l'ancienne & de la moderne Italie. Elles font auffi pleines de feu & de luftre, que celles que l'eftude & la doctrine de ceux, qui ont acquis iufqu'icy tant de reputation & de credit, a rendu fi éclatantes. Ainfi on peut dire, qu'il ne c'eft veu par le passé rien de si illustre que nostre Poëte, dans lequel la Nature a voulu monstrer que veritablement ell'est Maistresse de toutes choses, & que toute nostre laborieuse industrie, n'est qu'vne foible imitation de ce qu'elle peut tres-aisément : Il est en elle de faire tout à vn coup, ce que nous ne faisons que petit à petit, & auec peine. Et ie pense mesme, que sans brauer l'Escole des Stoïciens, on peut dire, que si elle vouloit, il ne luy cousteroit pas dauantage à faire le Sage, dont ils ont tant trauaillé à bastir la seule jdée, qu'il luy a cousté à faire nostre Poëte. De son exéple asseurons-nous que les siecles ne la vieillissent point, & qu'elle a autant de vigueur au nostre, qu'elle auoit dans ceux dont nous respectons la memoire. Et au lieu de nous plaindre du malheur de nostre temps, croyons que s'il est fertille en vices, il l'est aussi en vertu, & souue-nons-nous, que de l'Egypte anciennement si renommée par son abondance de biens & de delices, se tiroient aussi les plus subtils poisons. Mais sans m'escarter dauantage, ie finiray, ayant voulu t'aduertir, que les ouurages que tu tiens en main, ont de leur naissance des conditions qui les doiuent releuer au delà de leur propre valeur.

DE St LAVRENT.

TABLE

NOMS DES AVTHEVRS

DE L'APPROBATION DV PARNASSE.

Preface de Monsieur de Marolle Abbé de Villeloin.
Monsieur de S. Amant Epigrame, page 1.
De Bois Robert Epigrame, 2.
De Scudery Ode, 3.
Beys Stances, 6.
L'Abbé Scaron Ode, 9.
De Corneille Sonnet, 11.
Colletet Epigrame, 12.
De Bencerade Sonnet, 13.
D'Alibray Epigrame, 14.
De Gerard Epigrame, 15.
Ianuier Sonnet, 16.
Du mesme Epigrame, *la mesme.*
Du mesme Epigrame, 17.
Gillet Stances, 18.
Ragueneau Sonnet, 20.
Monglas Epigrame, 21.
F. Mathurin Sonnet, 22.
Sallatt Sixain, 23.
Rampalle Stances, 24.
Dalibray Sonnet, 25.
Du mesme Epigrame, *la mesme.*
Du mesme Epigrame, 26.
De Reault Madrical, 27.
Maugiron Epigrame, 28.
Delisle Epigrame. 29.
Chevreau Stances, 32.
Maloisel Sonnet, 34.
Du Pelletier Elegie, 40.
De Vilennes Epigrame, 41.
De la Charnays Stances, 42.
Du Puis Epigrame, 51.
Desfontaine Stances, 52.
Du mesme, *la mesme.*
Du mesme Epigrame, 54.

Le Marquis D. B. de B. Stances,	55.	Le M. Darimant, Epigrame,	81.
Sallart Stances,	56.	Dargis Sonnet,	82.
De Charpy Stances,	62.	Mademoiselle de Beaupré Epigrame,	83.
P. Richer Epigrame,	64.		
Tristan Epigrame,	65.	S. Germain Epigrame,	84.
Grenaille Epigrame,	66.	Epigrame Grecque,	85.
Le Cadet Rondeau,	67.	Demezeray Epigrame latine,	86.
Beauſſonet Rondeau,	68.		
Martial Epigrame,	69.	Deux autres Epigrame latine,	87.
Quinet Epigrame,	70.		
Du meſme Epigrame,	71.	B. dit la Miche Epigrame,	88.
Madrical Italien,	72.	Floridor Epigrame,	89.
Du meſme en Eſpagnol,	73.	Mademoiſelle Dorgemont Epigrame,	92.
La Poiree Epigrame,	76.		
P. Meſmyn Epigrame,	77.	Gombaut,	la meſme.
Vieux Marché Epigrame,	78.	Rotrou Epigrame,	92.
		De Leſtoile Stances,	93.
Daguerre Epigrame,	79.	Auant propos de M. de S. Laurent.	
St Malo Epigrame,	80.		

TABLE
DES PIECES CONTENVËS
AVX CHEVILLES
DE MAISTRE ADAM,
Menuisier de Neuers.

EPISTRE à Madame la Princesse Marie pour auoir vn habit aux estrennes.   Page 1.
Stances sur les yeux de Madame la Princesse Anne. 10.
A vne vieille Dame qui pria Maistre Adam de luy faire des vers.   15.
A la mesme iouänt à la Prime.   16.
Epigrame sur le portrait de Madame la Princesse Marie.   18.
Autres sur le mesme sujet.   19.
Epigrame au sieur de Marolle, pour auoir vn habit de dueil.   20.
Stances à Madame la Princesse Marie sur son parc.   21.
Stances à Madame la Princesse Anne, representant vne Bouquetiere à vn Balet.   27.
A Madame la Princesse Marie contre son coiffeur, nommé Champagne.   31.
Epitaphe pour vn Beneficier qui fut tué à la guerre.   33.
Stances à Madame la Princesse Marie comme elle estoit aux eaux de Pougues.   34.
Epigrame à Madame la Princesse Anne.   38.
Stances sur le portrait de Madame la Princesse Marie.   39.
Consolation à vne Dame sur la mort d'vne Biche.   42.
Requeste de Lutempicanor Menuisier de la Princesse Roxelane.   47.

TABLE.

Epigrame pour vn portrait offert à vne Dame. 149.
A vne belle Dame sur la mort de son Pere. 150.
Vn Gascon prie l'Autheur de luy faire vn Rondeau contre vn Riual. 150.
Responſe de l'Autheur à vn meschant Escriuain qui luy emuoya vne Epigrame. 152.
Remerciement de l'Autheur à vn Chanoine de Neuers qui luy enuoya de son vin. 152.
Stance à Monsieur Courrade Medecin, sur son Liure de l'Hidre Feminine. 153.
Chanson à boire. 155.
Responſe à la Chanson de l'Autheur par Monsieur de Maugiron. 157.
Quadrain contre vn auaricieux. 157.
Sonnet contre vn fou amoureux. 158.
Sonnet à Clorinde sur l'inconstance de son Amant. 159.
Sonnet à vn Riual. 160.
Elegie pour G. A. C. O. B. I. A. L. 161.
Sonnet. 165.
Autre. 166.
Autre sur vne absence pour Monsieur le Comte de A. P. 167.
Sonnet sur la mort de Louis XIII. 168.
Stance sur le cercueil du Roy Louis XIII. qui est à S. Denys. 169.
Sonnet prosopopée fait apres la mort de Monseigneur le Cardinal. 173.
Sonnet sur la maladie de Monsieur de Langeron. 174.
Epistre à Monsieur des Noyers, Secretaire de Madame la Princesse Marie. 175.
Stances sur la naissance du Roy Louis XIIII. 188.
Ode à Monseigneur le Cardinal Mazarin. 194.
Stances commencées pour Monseigneur le Cardinal de Richelieu deux iours auparauant sa mort sur la maladie de son bras. 205.
Elegie à son Altesse Royale. 206.
Sonnet à Monseigneur le Chancelier. 212.
Sonnet sur le Chasteau de Neuers. 213.
Stances sur ce qu'vn homme de condition dit à l'Autheur qu'il mour-

TABLE.

soit dans huict iours. 214.
Sonnet à Monsieur du Puy Medecin du Roy & de Madame la Princesse Anne. 217.
Vne belle Dame prie l'Autheur de luy faire des vers sur sa beauté. 218.
Sonnet sur ce qu'vn nommé Deschamps apporta des vers Latins à Monsieur de Langeron pour estrennes. 219.
Sonnet à vn Seigneur qui demanda des vers à l'Autheur deuant Monseigneur le Cardinal de Richelieu. 220.
Epitaphe pour Monsieur Paullet Chanoine de S. Cire de Neuers. 221.
Epitaphe de Madame Claude de Saulx de Tauane. 225.
Responce à vne lettre que Monsieur le Comte de Langeron escriuit à l'Autheur. 229.
Imprecation de Lutempicanor contre Lustubron. 238.
Epigrame pour deux bouteilles de vin. 242.
Rondeau. 245.
Sonnet à Madame la Princesse Anne le iour des estrennes. 246.
Stances & Response à vn Grand qui solicite l'Autheur d'aller à la Cour. 247.
Stances contre vne vieille Dame. 251.
Caprice contre les Muses. 253.
Caprice sur ce que Monsieur le Baron de la Hunauday logea Maistre Adam chez luy. 255.
Chanson. 257.
Sonnet à Madame la Princesse Marie. 258.
Elegie à Madame la Princesse Marie, sur ce qu'elle dist à Maistre Adam qu'il ne faisoit plus de vers. 259.
Elegie à Monsieur de B. 265.
Epistre de l'Autheur à vn sien amy qui luy conseilloit de ne plus faire de Vers, & de ne point abandonner l'vsage de Rabot. 270.
Stances à Madame la Princesse Marie sur les Eaux de Pougue. 274.
Epistre à vn President. 278.
Sonnet à son Altesse Royale estant aux Eaux de Bourbon. 286.
Epitaphe sur le Tombeau de Monsieur Boulacre. 281.
Epistre à Monsieur Gerard. 285.
Sonnet à Monsieur de Beausonnet sur la Naissance de Monseigneur

TABLE.

Stances à Monseigneur le Cardinal de Richelieu, dont il donna pension à Maistre Adam. 57.
Rondeau sur le nom de Richelieu. 61.
Sonnet à Monsieur le Mareschal de la Meilleraye. 62.
Tombeau du Duc de VVimar. 63.
Sonnet acrostiche sur le nom d'Armant de Richelieu. 64.
Epigrame à Monsieur l'Abbé de Boisrober. 65.
Stances sur vne main. 66.
Epistre à vn fol amoureux. 69.
Stances à vn Seigneur qui blasmoit le cabaret. 72.
Stances pour vn Seigneur peu liberal. 74.
Epistre à Damon pour l'inciter aux plaisirs de la campagne. 77.
Stances pour excuse à vne grande Dame qui demandoit des vers. 81.
Plainte de l'Autheur sur le Tombeau de sa mere. 83.
Autre plainte sur le mesme sujet. 86.
Sonnet à Monsieur le Comte D. A. P. 89.
Autre Sonnet pour vn autre Seigneur. 90.
Estrenes à vn Seigneur amoureux. 91.
Epigrame à Monsieur des Noyers. 94.
Sonnet à vn Riual. 95.
Sonnet pour le Reuerand Pere le Moyne sur la guerison du Roy. 96.
Stances à Monsieur de Monteclair. 97.
Au mesme sur du vin que luy enuoyoit l'Autheur. 99.
Sonnet pour vn inconstant. 100.
Anagrame sur le nom de Monsieur l'Abbé de S. Martin de Neuers. 101.
Epigrame pour Estrene au parrin du Fils de l'Autheur. 102.
Epigrame mise sur les Heures d'vne belle Dame. 103.
Epigrame à Monsieur le Surintendant. 104.
Epigrame sur la mort d'Alcandre. 105.
Responce à vn Rondeau de Monsieur Beaussonnet par vn autre Rondeau. 106.
Sonnet à Monseigneur le Duc d'Anguien. 107.

TABLE.

Responce à la lettre d'vn Seigneur. 108.
Epigrame à vn amy qui demandoit le portrait de l'Autheur. 109.
Epigrame à Monsieur le Baron de Canillac. 110.
Rondeau pour guerir de la Siatique. 111.
Rondeau à vne Dame pour auoir du vin. 112.
Ode à Monseigneur le Cardinal Duc de Richelieu. 113.
Epistre que l'Autheur escrit à Daphenis pour se faire payer de sa pension. 121.
Sonnet contre le portier d'vne grande Dame. 132.
A Monseigneur Mollé, premier President. 133.
Sonnet à Madame la P. A. 134.
Epigrame sur les Oeuures de Monsieur du Vair. 135.
Autre Epigrame à Monsieur de Monmor. 135.
Epigrame pour vne Dame que l'on disoit qui se fardoit. 136.
Autre pour vn Magicien. 136.
Autre à Monsieur le Comte Darpajon, par laquelle l'Autheur luy demande sa pension. 137.
Autre pour Monsieur de Langeron representant l'Europe au Ballet de Madamoiselle. 137.
Autre pour le mesme, representant l'air au mesme Ballet. 138.
Autre pour Monsieur le Comte de Brion. 138.
Autre d'vn Bouquet que l'Autheur enuoya à vne Dame. 139.
L'Autheur enuoye son fils aux Estrenes vers Madame la Princesse Anne, ayant des sabots aux pieds. 140.
Stances sur vne disgrace arriuée à l'Autheur. 141.
Epigrame à Monsieur de la Vigne Apotiquaire de Madame la Princesse Marie, sur ce qu'il a guery l'Autheur d'vne maladie. 142.
Stances sur du vin qu'il enuoya querir chez de ses amis. 143.
Rondeau sur les amours de Diane & d'Endimion. 144.
Remerciment à Madame la Princesse Marie d'vn estuy qu'elle achepta à l'Autheur à la Foire S. Germain. 145.
Epigrame à vn Poëte qui censuroit les vers de l'Autheur. 146.
Rondeau sur vn habit que Monsieur le Comte Darpajon donna à l'Autheur. 147.
Epigrame sur la mort de Monseigneur le Cardinal. 148.

TABLE

le Dauphin, & sur la saincte Ampoule. 288.
Sonnet Acrostiche à Monsieur de Marolle Abbé de Villeloin. 289.
A vne grāde Dame pour vn plancher que l'Auteur luy auoit fait. 290.
Epigrame à vn Comte qui auoit promis recompense à l'Auteur pour les Vers d'vn Balet. 293
Conseil à vn certain Vicomte amoureux d'vne grande Dame, Elegie. 294.
Epigrame contre vn Peintre. 297.
Chanson Bachique. 298.
Autre. 301.
Vers pour vn Balet aux dances. 302.
Autre. 303.
Autre. 304.
Autre. 305.
Autre. 306.
Autre. 307.
Autre. 308.
Epistre à Monsieur Ianuier.
Epigrame à Monseigneur le Cardinal Mazarin sur la mort de Madame sa Mere. 315.

Fin de la Table des Cheuilles de M. Adam Menuisier de Neuers.

Fautes succenuës en l'Impression.

PAge 14. ligne 1. *lisez* imperieux, *pour* imperieurs: p. 15 l. 10. *lisez* de fer *pour* du fer. p 50. l. 6. *lisez* Suisse *pour* Esleus : p. 128 l. 16. *lisez* Chantre *pour* Prestie : p. 141. l. 19. *lisez* Parnasse *pour* Pernasse : p. 152. l. 13. *lisez* du Prioré Dinsit *pour* le Prince d'infinit : p. 180. l. 7. *lisez* l'on ne verra, *pour* l'on reuerera : p. 187. l. 6. *lisez* qui puisse, *pour* qu'il puisse. p. 19. l. 1. *lisez* Chants *pour* champs : p. 22. l. 13. *lisez* en mettant *pour* en maintenant : p. 236. l. 1 *lisez* L'espargne : p. 150. l. 1. *lisez* : reuolutions *pour* reuolations : p. 252 l 7. *lisez* en vn mot *pour* & vn mot : p. 253. l. 18. *lisez* vous ne rompistes, *pour* vous ne : p. 256. l. 17. *lisez* rien m'importune, *pour* m'importune : p. 262. l. 16. *lisez* ineuitable : p. 285. l. 11. *lisez* en ce lieu *pour* & ce lieu : p. 288. l. 2. *lisez* Argoniste *pour* Argauniste.

LES CHEVILLES

LES CHEVILLES DV MENVISIER DE NEVERS.

EPISTRE.

Madame la Princesse Marie estant à Neuers l'année mil six cens trente-cinq, Maistre Adam le Menuisier luy demandant vn habit aux Estrennes, luy escriuit cette Epistre.

ANS cette importune saison
Que chacun garde la maison,
Que sans vos atraits la Nature
Ne paroistroit qu'en sa peinture;

A

LES CHEVILLES DV

Que les Iardins sont desolez,
De voir leurs parterres gelez,
Et que leurs fleurs n'ont point d'vsage
Si ce n'est sur vostre visage;
Que d'vn changement sans pareil
L'Hiuer a chassé le Soleil;
Qu'il a mesme ce priuilege
De faire le iour de la neige;
Que les oyseaux n'ont plus de chants,
Et que les plus fertiles champs
Sont steriles comme des marbres;
Que les buissons & que les arbres,
Paroissent moins beaux & moins verds,
Qu'ils n'estoient lors que l'Vniuers
Apres la vengeance des crimes
Vit des tombeaux dessus leurs cimes;
Quand vn Deluge en ces deborts
Leur fit des branches de corps morts:
Que tous les fleuues sont de roche,
Que le moindre tourneur de broche
Est plus heureux cent mille fois
Que ces Heros, qui pour les Rois
Sont maintenant dans vne plaine
A s'échauffer de leur haleine.
Bref que dans ce dereglement
Chacun cherit cét Element,

MENVISIER DE NEVERS.

De qui la flâme vagabonde
Doit faire le tombeau du monde.
PRINCESSE, l'vnique ornement
De ce que l'œil du firmament
Voit de plus beau deſſus la terre,
Faut-il que cette injuſte Guerre
De l'inſolence des frimas,
Me morfonde dans ſon amas,
Et que ie face penitence
Par faute de voſtre aſſiſtance;
L'ardeur qui boüillonne en mon ſein
M'inuite a ce fameux deſſein
De peindre au front de la Memoire
Le Saint portrait de voſtre Gloire.
Mais lors que ie penſe couler
Sur ce grand ſujet de parler,
Quelque lumiere qui m'enflame,
Ie perds le mouuement de l'ame
Aupres d'vn miſerable feu
Qui paroiſt & luit auſſi peu
Que l'œil d'vne vieille ridée
Dont la mort déteſte l'idée;
Si ie mets la plume à la main
Le froid ride mon parchemin,
Et mon ancre montre à ma Muſe
Qu'elle a veu le chef de Meduſe;

LES CHEVILLES DV

Ie ne trouue dans ma maison
Rien qui serue à cette saison.
Si ie deualle dans ma caue,
Ie n'y trouue que de la baue
Qui moisit dessus vn poinsson,
De qui le lamentable son
Lors que ie le touche me blesse *
Comme vn tambour, cette Noblesse
Dont la pluspart auec effroy,
A sans congé quitté le Roy.
Si dedans mon grenier ie monte,
Vn chat me fait rougir de honte,
Qui trouue de bon heur comblé,
Plus de rats que de grains de blé;
Si bien qu'en ce sensible outrage,
Ie n'ay ny vigueur ny courage,
De voir que mes prouisions,
Ne sont que dans des visions,
Que ie rencontre dans le somme
Lors que le sommeil nous assomme:
Ie suis vn Cresus en resuant;
Mais le matin en me leuant
Ce qui met mon ame à la gesne,
C'est que ie suis vn Diogene,
Mes habits vsez & mal faits
Comme ceux d'vn vieux portefaits,

* Nobles qui s'en venoient de l'arrierreban sans dire adieu.

MENVISIER DE NEVERS.

Ne sçauroient plus faire merueilles
Qu'à faire peur à des Corneilles;
Si bien qu'en les voulant vêtir,
On me prendroit pour vn Martyr,
Ou pour vn qui se desespere
Prenant vn habit de galere.
Si ie pense prendre vn manteau,
Ie n'en trouue point de plus beau
Qu'vn qui dés la premiere année
Sert de manteau de cheminée,
Où le temps auide & goulu
A tant puisé de vermoulu,
Qu'il a des antres sans poussiere
Qui cacheroient vne Sorciere.
Ainsi tout pauure & mal vêtu
Ie dis parlant à la Vertu,
Ce que Brutus brauant l'Enuie
Luy dit à la fin de sa vie,
Qu'elle estoit seulement de nom;
Que ce chimerique renom
Dessus qui sa gloire se fonde,
Ne peut rien aux choses du monde.
C'est la Fortune qui regit,
Et qui si puissamment agit,
Qu'au moindre reuers qu'elle donne
Elle dissipe vne Couronne.

C'est son caprice qui peut tout,
Et qui de l'vn à l'autre bout
Se traisnant dessus vne roüe,
Peut former vn Sceptre de boüe;
Faisant, inconstante qu'elle est,
Des Destins tout ce qu'il luy plaist.
Or moy qui n'ay point de querelle
Que lors qu'il faut parler à elle,
Pour faire cesser son courroux
Il faut que ie m'adresse à vous.
Pour vous son amitié soûpire,
Et vous faites dans son Empire
Auecque mille attraits vainqueurs,
Ce que vostre œil fait sur les cœurs.
Le iour que le Ciel vous fit naistre
Pour nous faire icy bas paraistre
La merueille de ses tresors
Dans la beauté de vostre corps;
D'vne merueilleuse aduanture,
Fortune, Amour, & la Nature,
Se trouuerent dans le sejour
Où le Ciel vous versa le iour,
Où par vn celeste aduantage
Leurs dons vous vinrent en partage;
La Nature premierement
Pour faire vn embellissement

MENVISIER DE NEVERS.

Au delà de toutes les choses,
Prit au Printemps toutes les roses,
Tous les œillets & tous les lys.
Dont les jardins sont embellis ;
Puis imitant dans ce meslange
Dieu, quand il fit le premier Ange,
En moins d'vn moment elle eut peint
Les merueilles de vostre teint,
Pour faire vos yeux qu'on adore
Bien mieux que les yeux de l'Aurore,
Elle inuenta plus d'apareil
Que lors qu'elle fit le Soleil ;
Et puis vous ayant fait si belle,
Elle alla rompre son modelle,
Toute orgueilleuse d'auoir fait
Les traits d'vn œuure si parfait.
Amour qui parmy ses merueilles
Ne contentoit que ces oreilles,
Rompit les nœuds de son bandeau
Pour voir vn miracle si beau,
Et d'abord qu'il vous eût connuë
Il se jetta dans vostre veuë,
Où depuis il blesse les cœurs
Des plus indomptables vainqueurs :
Ce fut dans cette heure opportune
Que sans espargner la Fortune,

Il la bleſſa d'vn trait ſi doux,
Qu'elle bruſle d'amour pour vous.
Lors cette ingrate à moy farouche,
Vous baiſant mille fois la bouche
Comme à ſon vnique ſoucy,
Sa parole vous dit ainſi;
Adorable & Belle Princeſſe,
Que la Terre aura pour Maiſtreſſe,
A qui les Dieux & les Mortels
Doiuent eriger des Autels,
Sçache que ce que ie ſçay faire
N'eſt rien que pour te ſatisfaire,
Et que tous tes Predeceſſeurs
N'ont pas eu toutes mes douceurs.
Ie ſçay bien que leur gloire eſt peinte
Sur le Mont de la Terre Sainte,
Et qu'ils ont foulé le Turban
Deſſous les Palmiers du Liban:
I'ay fait naiſtre leur deſtinée
Vne heure apres que ie fus née;
I'ay veu leurs belliqueux exploits
A la Terre impoſer des Loix,
Et ſi dans leur Pompe Royale
Ie n'ay rien trouué qui t'eſgale.
Sçache que ie veux deſormais
Que ta Grandeur dure à iamais;

MENVISIER DE NEVERS.

Et qu'il se trouue dans ta race
Vne si belliqueuse trace,
Que l'Histoire qui chantera
Les merueilles qu'elle fera,
Mette pour détruire Alexandre
Sa memoire dedans sa cendre,
Et ruine ce que les Cesars
Ont acquis dans les champs de Mars.
Elle eust continué son dire
Quand elle se print à vous rire,
Voyant que pour plaire à ces vœux
Vostre main luy prit les cheueux.
Depuis elle vous accompagne
Comme son vnique compagne,
Et suit l'ordre de vos accords
Mieux que l'ombre ne suit le corps.
C'est pourquoy ie vous importune
De commander à la Fortune
Qu'elle me donne seulement
Quelque meschant habillement.

LES CHEVILLES DV

STANCES
SVR LES YEVX
DE MADAME
LA PRINCESSE ANNE.

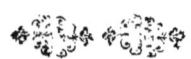

JE ne t'inuoque plus lumineuse puissance,
Dont la courſe embellit la Nature & les
    Cieux,
Soleil, dont la vertu m'inſpira la Science
Qui m'aprend à parler le langage des Dieux ;
Demeure ſi tu veux à iamais dedans l'onde,
Les yeux d'Amarillis, les plus beaux yeux du monde,
Vont paroiſſant aux miens ſi brillans & ſi beaux,
Que pour les bien vanter à ta honte on peut dire,
Que deſſus tes rayons ils ont le meſme empire,
Que celuy que tu tiens ſur les autres flambeaux.

MENVISIER DE NEVERS.

Depuis que le Chaos enfanta ta lumiere,
Pour montrer aux viuans ces miracles diuers,
Iusques à maintenant, que suiuant ta carriere
Tu fais obliquement le tour de l'Vniuers
Dans ta cource, où Dieu mesme admirât ses merueilles
Compasse les saisons par l'ordre de tes veilles.
Bel Astre, qu'as-tu veu qui se puisse égaler
Au sujet que ie tiens du tout incomparable,
Et n'accorde-tu pas, que tu n'as rien d'aimable
Au pris de ces Soleils dont ie t'ose parler.

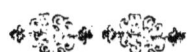

Quand le calme a vaincu la force de l'orage,
Que les flots de la mer ont cessé leur courroux
Ayant veu ces beaux yeux, peux-tu voir ton visage
Dans ce miroir flotant & n'estre point jaloux.
Cét émail animé dont tu fais la peinture,
Ces fleurs dont ton Amour Caresse la Nature
Pense-tu que ce soit vn Miracle important
Pour le faire estimer vnique dans la Gloire,
Et que dans l'épaisseur d'vne nuit la plus noire
Les yeux d'Amarillis n'en puissent faire autant.

LES CHEVILLES DV

Leur puiſſance occupée à de plus grandes choſes
N'aſpire qu'à gaigner la liberté des Rois,
Et tandis que tu fais la naiſſance des roſes
Elle imprime en leurs cœurs l'empire de ces loix.
Encore cét émail que tu nous fait paraiſtre
Dans quelque vif eſclat que tu le face naiſtre,
Ce qu'il eſt au matin le ſoir il ne l'eſt pas,
Sa naiſſance & ſa mort deriuent de ta flâme.
Mais l'Amour que ces yeux ont graué dans vne ame
Plus le temps le pourſuit moins il craint le treſpas.

Ne m'accorde tu pas que leur flâme inuincible
Augmante de l'amour les orgueilleux atrais,
Et qu'à moins que d'auoir la Nature inſenſible,
On ne peut eſuiter la force de leurs trais;
Qu'vn ſeul de leurs regards a le pouuoir de rendre
Vn Amant tout en feux, vn autre tout en cendre,
Et qu'auſſi toſt qu'Amour euſt ce contentement
D'eſleuer ces Autels & ſon Trône en leur veuë.
Leur feu comme le tien, quand il fend vne nuë
Diſſipa le bandeau de ſon aueuglement.

MENVISIER DE NEVERS.

Dans ces globes de feu leurs puissances supresmes,
Donnent des passions aux moins sensibles cœurs:
Mais ces moindres butins ce sont des Diadesmes,
Dont la perte plaist mieux aux vaincus qu'aux vain-
Là d'vne majesté que nulle autre n'esgale, (queurs.
Par des coups plus certains que le dard de Cephale,
Il preside au dessus des volontez du sort;
Et quiconque a l'honneur de plaire à son enuie,
Peste contre le Ciel de n'auoir qu'vne vie,
Pour se voir obligé de n'auoir qu'vne mort.

Ce perfide element dont la fureur extresme
Doit vn iour deuorer la Nature & le Temps;
Ce feu dont les desirs ne seront point contens
Que son auidité ne l'ait détruit luy-mesme.
O beaux yeux, si la flâme estoit esgale à vous,
Lors que tout l'Vniuers tombant sous son courroux,
Par vn ordre fatal verra sa gloire esteinte,
Quoy que sa cruauté face horreur au trespas,
N'en desplaise au discours de l'Escriture Sainte,
Ie dirois mal-heureux qui ne le verroit pas.

Imperieux regards, dont tes douces atteintes
Immolent à leurs feux les plus grands Conquerans,
Et qui de tous les cœurs dont vous tirez des plaintes,
Vous n'estes appellez qu'adorables tyrans.
Astres qui possedez ces splendeurs immortelles,
Qui font Amarillis la merueille des belles,
Que mon esprit seroit amplement satisfait
S'il auoit en ces vers la force assez puissante
D'ébaucher seulement la peinture parlante
Des grandes libertez dont vous étes l'effet.

Quelque part où tu sois, adorable Genie,
Qui de ces yeux diuins te sentis enflamer,
Et qui dans les transports d'une amour infinie,
Brusles incessamment, & ne peux consommer,
Ie te donne ces vers pour soulager tes peines
Contre les durs assauts des forces inhumaines,
Qui dans tes passions te liurent tant de mal,
T'asseurant que l'Hymen changeant ton aduanture,
Te doit faire bien tost apres cette peinture
Posseder les atraits de son original.

A VNE VIEILLE DAME RIDEE qui se fardoit, qui estant venuë voir Madame la Princesse Marie, pria Maistre Adam de luy faire des vers.

Madame, c'est en vain que vostre ame s'employe
A chercher dans le fard quelque chose de doux,
Les Amans ont horreur d'vne pareille proye,
Et la Mort seulement doit soûpirer pour vous.

C'est en vain que le plastre applique son vsage
A polir vostre front couuert de plis diuers,
Et i'enrage de voir dessus vostre visage
Les mousches dérober la pâture des vers.

Il est vray qu'autrefois vous fûtes sans pareille,
Mais vostre siecle d'or n'est plus rien que du fer,
Et dans ce changement ce n'est pas de merueille,
Dieu fit bien autrefois d'vn Ange, Lucifer.

A la mesme joüant à la Prime.

Fantosme d'ossemens, visage de Meduse,
Vieille dont chaque œillade est mere d'vn rocher,
C'est en vain que tu viens importuner ma Muse,
Elle a comme la Mort horreur de t'aprocher.

Ma Princesse est l'objet qu'vnique ie contemple,
C'est de ses yeux diuins que ie cherche l'accueil,
Car c'est dans leurs regards qu'Amour est dans son
    Temple,
Ainsi que dans les tiens la Mort dans vn cercueil.

Crois-tu que ie ressemble au Peintre Michel-ange,
Alors que dans mes vers tu cherches du renom,
Que du mesme pinceau dont ie figure vn Ange,
Ie l'aille prophaner à dépeindre vn Demon.
                                            Tout

MENVISIER DE NEVERS.

Tout le bien que sçauroit te desirer ma rime,
Afin que deformais tu ne la cherches plus,
C'est que tu puisse prendre en joüant à la Prime,
Sur tous les assistans, le plus excellent flus.

Mais vieille, que ce soit vn si grand flus de ventre,
Que ceux qui sentiront ton naturel infect,
Crient à haute voix, dites que le Suisse entre
Pour trainer cette infame au centre d'vn retrait.

EPIGRAMME
Pour mettre sous le Portrait
DE MADAME LA PRINCESSE MARIE.

VN fameux Artisan d'vn labeur sans pareil,
Montre dans ce portrait l'abregé des merueilles:
Mais quelque grand effet qui soit né de ses veilles,
Il n'a fait qu'vn rayon pensant faire vn Soleil:
Ce n'est pas qu'en son Art il n'aist suiuy la regle;
Et son trauail seroit dans vn point glorieux,
Si son desir hautain prenant le vol d'vn Aigle,
Pour voir dans son objet, il en eust pris les yeux.

Autre pour le mesme Sujet.

L'Incomparable objet qui brille en ce pourtrait
Où la Gloire & l'Amour font dedans chaque trait
Esclater leurs grandeurs dans des thrônes de flames,
Paroist si charitable en causant les douleurs,
Que pour vaincre l'ardeur dont il brusle les ames,
Il donne en mesme temps & la flame & les pleurs.

Autre sur le mesme Sujet.

DE toutes les Beautez dont la terre se pare,
L'on voit dans ce Pourtrait ce qu'elle a de plus [beau,
Et bien que son éclat fasse naistre vn tombeau,
Qui rende chaque Amant compagnon d'vn Icare,
Ie conclus toutefois qu'auprés de ces apas
Les rigueurs de la mort sont des traits de delices,
Puis que par vn seul coup elle évite cent suplices
Que l'on pourroit souffrir en ne la voyant pas.

Apres la mort de Monsieur de Mantouë, Maistre Adam fit cét Epigramme à Monsieur de Marolles Abbé de Ville-loing, pour luy obtenir vn habit de dueil de Madame la Princesse Marie.

DE Marolles, dis à Madame
Que ie suis presque au desespoir,
De porter vn dueil dedans l'ame,
Que mon corps ne peut faire voir;
Qu'en cette incomparable perte,
Que cette Princesse a soufferte,
I'enrage contre le trespas,
Et qu'en l'ennuy qui me deuore
Si Nature m'auoit fait More,
Ie ne l'importunerois pas.

MENVISIER DE NEVERS.

MADAME
LA PRINCESSE
MARIE

S'ALLANT PROMENER DANS VN Parc qu'elle aproche Neuers, dans la saison printaniere, Maistre Adam luy fit ces vers.

Beau Parc, où la Nature admire son ouurage,
Où le Printeps renaist en mille endroits diuers,
Où les moindres objets representent l'image
De ce beau iour qu'on vit paraistre au premier âge,
Quand Dieu fit d'vn neant le rond de l'Vniuers.

En fin c'est aujourd'huy que ta beauté surmonte,
Ce qu'on voit de plus beau sous l'empire des Cieux,
Que tous ces beaux vergers que l'Histoire nous conte,
Où le Berger Adon caressoit Amatonte,
Ne sont que des deserts à l'esgard de tes lieux.

C iij

Mais sur tout ce qui fait ta gloire incomparable,
Et qui rend icy bas ton renom sans pareil,
C'est d'estre visité de l'œil le plus aimable,
De l'objet le plus digne, & le plus adorable,
Qui iamais ait terny la clarté du Soleil.

Cette grande Princesse aussi Belle que Sage,
Cette Reyne des cœurs, dont la puissance luit
Sur les autres Beautez, auec plus dauantage
Que ce fameux flambeau qui se leue du Tage
Ne luit à son resueil sur les feux de la nuit.

Si tost que son retour eut chassé les encombres
Que tes feüillages verds reuirent ses appas,
Est-il pas vray qu'on vit tes cabinets moins sombres,
Qu'à l'aspect de ses yeux tu retiras tes ombres
Pour admirer les fleurs qui naissoient sous ses pas.

MENVISIER DE NEVERS.

Les serpens aussi tost delaisserent tes herbes,
Flore fit à l'instant naistre tant de couleurs,
Que l'Esté n'a iamais tant amassé de gerbes,
Comme l'on vit alors tes parterres superbes
Remplis diuersement de la beauté des fleurs.

Mais quelque vif esmail que ton sein ait de rare,
Fust-il en son esclat plus beau que les habits,
Que l'Aurore au matin à son leuer prepare,
Quand pour voir son Chasseur, Amour veut qu'elle pare
De perles sa perruque, & son corps de rubis.

Mesme eusses-tu parmi tant de beautez écloses,
Les Astres dont les Dieux, ont les Cieux embellis,
Tu n'aurois point encor de si diuines choses,
Que son teint qui de honte a fait rougir les roses,
Et qui de jalousie a fait blanchir les Lys.

Tu vois tous les matins cette Beauté parfaite
Chercher dedans ton bois l'antre plus obscurcy,
Et comme une Diane y faisant sa retraite,
Rappellant à ses yeux ton ancienne defaite,
Regardant tes rameaux, semble parler ainsy.

Beaux arbres, qui malgré la superbe insolence
De ce monstre qui fut la pâture aux corbeaux,
N'estes pas moins toufus que quand sa violence
Obligeoit la coignée à troubler le silence,
Au bruit qu'elle faisoit en coupant vos rameaux.

Ie veux que pour iamais vostre beauté vous dure,
Que vous ne soyez point sujets au changement,
Qu'un rigoureux Hyuer cause par sa froidure,
Et que vous ne quittiez iamais vostre verdure,
Que par le coup fatal du feu du Iugement.

Que

MENVISIER DE NEVERS.

※❊※❊

Que vous portiez vn iour vos orgueilleuses testes,
Iusque aupres du seiour où les Astres sont nez,
Et que les Rossignols qui seront sur vos faistes
Dissipent de leur bruit les foudres & tempestes,
Qui voudroint offenser vos beaux fronts couronnez,

※❊※❊

De semblables discours cette Nymphe diuine,
En murmurant tout bas semble te reuerer,
Quand parmi tes rameaux Zephire qui chemine,
Te poussant doucement, fait que ton chef s'incline,
De sorte qu'on voit bien que tu veux l'adorer.

※❊※❊

Le Rossignol rauy de voir tant de merueilles,
Tire de son gosier vne telle douceur,
Vn air qui sçait si bien enchanter les oreilles,
Qu'on voit bien qu'il n'a plus de memoire en ses veilles
De l'affront que luy fit le mary de sa sœur.

D

Bref parmy tant d'apas dont ton Sejour abonde,
Où cette autre Diane erige des Autels,
Ie doute en admirant ta Gloire sans seconde,
Si vrayment tu n'es point ce Paradis du monde,
Où le premier viuant damna tous les mortels.

C'est ainsi que parloit dans ce lieu solitaire,
Sous vn arbre où iamais ne parut le Soleil;
Adam qui fut contraint à la fin de se taire,
Par le rauissement d'vn si digne mystere,
Et par la pesanteur des pauots du sommeil.

MENVISIER DE NEVERS.

VERS POVR MADAME
LA PRINCESSE ANNE
REPRESENTANT
vne Bouquetiere à vn Ballet.

STANCES.

JE suis de la Nature, vn si parfait ou-
    vrage,
Que les fleurs de mon sein captiueroient
    les Dieux,
Et la France a des Lys, qui ne vallent pas mieux
    Que ceux de mon visage.

Ie n'inuoque iamais l'Aurore ny ses charmes,
Pour rendre à mes jardins leurs odorans apas ;
Les fleurs en ma faueur y naissent sous mes pas,
    Mieux que dessous ses larmes.

*Ils ont eu de tout temps ce puissant priuilege
D'empescher à l'Hyuer son rigoureux dessein,
On n'y void nuls frimas, si ce n'est que mon sein
   Y montre de la neige.*

*Vn aymable Printemps s'y fait tousiours connestre,
Que si quelques rigueurs choquoient son apareil,
Vn seul de mes regards, bien mieux que le Soleil,
   Les feroit disparaistre.*

*Le silence est si doux en cét heureux domaine,
Que mesme on n'y sent point l'haleine des Zephirs,
Si ce n'est quand Amour du vent de ses soûpirs
   M'accuse de sa peine.*

*Souuent ie l'apperçoy plein de traits & de flames,
Immolant à mes pieds sa puissance & ses vœux,
Implorer à genoux quelqu'vn de mes cheueux,
   Pour enchaisner les ames.*

MENVISIER DE NEVERS.

Ie ris quand ie le vois tout rougissant de honte,
S'escrier, Grands effets qu'estes-vous deuenus,
Quand pour vn Adonis, ie flechissois Venus
    Aux jardins d'Amatonte?

Parmy l'enchantement de ses amorces fines,
Tout ce que ma bonté peut donner à ses pleurs,
C'est que lors que mes mains ont cueilly mille fleurs,
    Il en a les espines.

Encore est-ce beaucoup contenter son enuie,
C'est luy donner des trais dont il peut tout blesser;
Car de ses esguillons il pourroit offenser
    La plus heureuse vie.

Peut estre qu'à l'instant ce Demon tout superbe,
Pour faire à mon desceu quelques nouueaux aquests,
Est dedans mon panier caché sous mes bouquets,
    Comme vn Serpent sous l'herbe.

LES CHEVILLES DV

Ie suis l'vnique objet où se Tyran s'amuse,
Il me suit tellement aux Champs & dans la Cour,
Que sans sçauoir que c'est de donner de l'Amour,
Vn chacun m'en acuse.

MENVISIER DE NEVERS.

MADAME
LA PRINCESSE
MARIE
ESTANT ALLEE A PARIS,

Maistre Adam la fut voir, & tout estonné de voir vn Coiffeur nommé Champagne, qui luy agensſoit ſes cheueux, luy fit ces vers.

*A Beauté qui vous accompagne,*
Eſtant digne de tous les vœux,
I'enrage quand ie voy Champagne
Porter la main à vos cheueux;
Vous terniſſez voſtre loüange,
Soufrant que cét homme de fange,
Maitriſe des liens qui font tout ſoûpirer,
Et vous faites vn ſacrilege
De luy donner vn priuilege
De prophaner ainſi ce qu'on doit adorer.

LES CHEVILLES DV

Tel Monarque pour vous soûpire,
Dont personne ne s'apperçoit,
Qui voudroit changer son Empire
Aux biens que cét homme reçoit :
Pensez vous qu'en cette aduanture,
Le Ciel, Amour, & la Nature,
Qui font dans vos Beautez esclater leurs apas,
Ne ressentent pas vn outrage,
D'auoir fait vn si bel ouurage,
Et voir que vostre humeur ne s'en contente pas.

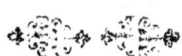

Quittez ce fat & ses remedes,
Croyez pour vous desabuser,
Que s'y l'art n'est propre qu'aux laides,
Vous n'en deuez iamais vser :
Considerez bien vostre grace
Dans la beauté de vostre glace;
Alors vous connétrez que veritablement,
Mon conseil doit estre en vsage,
Puis que vous auez vn visage,
Qui pour blesser les cœurs n'a que trop d'ornement.

V N.

VN CERTAIN GENTILHOMME qui auoit esté Beneficier, ayant esté tué à la guerre, Maistre Adam luy fit cét Epitaphe.

CY gist, qui pour attaindre vn eternel renom,
Dedans le champ de Mars engagea sa franchise;
Passant, asseure-toy s'il est mort d'vn canon,
Que ce n'a pas esté du canon de l'Eglise.

Il n'auroit pas encor esprouué le malheur,
Qui fait passer aux morts la fatale riuiere;
S'il eust aussi bien sceu mesnager sa valeur,
Comme il sçauoit iadis espargner son Breuiaire.

Passant, pour éuiter la rigueur de son sort,
A deux genoux icy dis-luy des patenostres,
Parce que son printemps eust éuité la mort,
S'il eust pris du plaisir à prier pour les autres.

LES CHEVILLES DV

MADAME LA PRINCESSE MARIE

ESTANT ALLEE BOIRE DES Eaux à Pougues, Maistre Adam fit ces vers à la Fontaine.

Erueilleuse & belle Fontaine,
Dont l'incomparable bonté
Nous rend vne preuue certaine,
Que tu sçais donner la santé;
Vne iuste ardeur me conuie,
A te discourir, que l'Enuie
N'a plus rien pour toy de fatal;
Et que tes malheurs prirent cesse
Dés le moment que ma Princesse
Se vit peinte dans ton cristal.

MENVISIER DE NEVERS.

Soudain que ta vieille Nayade,
Eut senty le feu de ses yeux,
Ce qui rend vn jaloux malade,
Luy fit abandonner ces lieux;
Et le front tout couuert de rides,
Alla conter aux Néreïdes
Dans leurs humides logemens,
Quelle venoit de voir vn Ange,
Qui nous menaçoit du meslange,
Du Chaos, & des Elemens.

Ce fut le depit & la crainte,
Qui la firent parler ainsi;
Car tu vis ce feu sans contrainte,
De mesme qu'il te vit aussi;
Et que bien loin de te déplaire,
Ta belle eau deuenant plus claire,
Dans l'abord qu'il la vint toucher,
Il luy donna plus de loüange,
Que n'en a le fleuue du Gange
Quand le Soleil s'y va coucher.

E ij

Mais sur tout ce qui rend ta gloire,
Digne de l'Immortalité,
Et qui fera que ta memoire,
Suruiura la posterité ;
C'est que ce Miracle des Belles
Laisse des marques eternelles,
Qui te font adorer dés lors,
Que tu joüis du priuilege,
D'entrer en son sein, où la neige
N'ose paraistre qu'au dehors.

A quel autre fleuue, ton onde,
Peut-elle desormais ceder,
De posseder ce que le monde
N'est pas digne de posseder ;
Quelque rapidité puissante
Dont le fleuue du Nil se vante,
Il n'a rien qui te soit esgal ;
Le Iourdain seulement t'outrage,
De ce que tu n'as que l'Image
Dont il baiza l'original.

MENVISIER DE NEVERS.

Mais pourtant, ô source adorable,
On ne te doit moins estimer;
Ta petitesse est comparable,
Au vaste empire de la mer;
Tout ce que Neptune a de rare
Dedans son empire barbare
Et qui le fait enfler d'orgueil;
C'est que le Soleil se retire
Dessous ces flots, mais tu peux dire
Que tu couches dans le Soleil.

MAISTRE ADAM PARLANT
A MADAME
LA PRINCESE ANNE,

LA SVIVANT A CHEVAL A COSTE' de son carosse, passant dans vn bourbier il fut si malheureux que son cheual jetta de la bouë au visage de la Princesse, il fit cette Epigramme sur le champ, pour excuse.

VOS yeux à nuls autres pareils,
S'ils sont, comme on dit, des Soleils,
Ils se font eux mesmes la guerre;
Puis qu'ils peuuent tout enflammer,
S'ils n'ont pas desseché la terre,
Mon cheual est-il à blamer?

MENVISIER DE NEVERS.

Comme l'on faisoit le portrait de Madame
LA PRINCESSE MARIE,
MAISTRE ADAM FIT SES VERS
pour le Peintre.

POVR les traits d'vn Portrait si beau,
Peintre, il te faut mourir d'enuie,
Et precipiter au tombeau
La temerité de ta vie :
Car i'ose dire en cét escrit,
Fusses tu plus sçauant qu'Apelle,
Qu'il faut que tu sois tout esprit
Pour peindre vne chose si belle.

Suy donc l'ordre de mes accords,
Et pour atteindre vne loüange,
Qui ne regarde point le corps
Emprunte les aisles d'vn Ange ;
Et puis par vn vol sans pareil,
Pour plaire au desir qui t'enflamme,
Va tout dérober au Soleil,
Pour peindre les yeux de Madame

LES CHEVILLES DV

Visite par tout dans les Cieux,
Voit tous ses plus parfaits modelles,
Qu'inuenterent iadis les Dieux ;
Pour faire les choses plus belles,
Demande à ces Peintres sçauans
Cette nompareille peinture,
Dont ils rendoient estans viuans,
L'Art plus parfait que la Nature.

Voy l'Aurore comme elle peint
La naissance de la lumiere,
Et considere bien le teint
De cette belle auant courriere ;
Voy toutes ces viues couleurs
Dont elle rend le iour aux choses,
Et comme elle forme les pleurs
Qui font la naissance des roses.

MENVISIER DE NEVERS.

En un mot, ne t'esloigne pas
De ce beau dessein qui te presse;
Prends ce que le Ciel a d'apas,
Pour le Portrait de ma PRINCESSE;
Et puis d'un pinceau qui soit doux
Comme les traits de son visage,
Rends si tu peux les Dieux jaloux
De la douceur de ton ouvrage.

CONSOLATION A VNE DAME

sur la mort d'vne Biche que Madame la Princesse Marie luy auoit enuoyée par son Huissier pour la nourrir: mais qui s'estant sauuée du Parc où elle estoit, fut prise par vn Seigneur son voisin, qui sans la connestre la fit tuer.

AMARANTE consolez-vous,
Quittez ce deüil & ce courroux,
Qui vous enlaidit le visage,
Prenez vostre premier vsage;
Tous vos soûpirs sont superflus,
Vostre Biche ne viura plus,
I'ay veu tomber dessus sa teste,
Vn marteau comme vne tempeste,
Qui se departoit de la main,
D'vn boucher du tout inhumain.
Dans ce funeste sacrifice,
Ce bourreau faisant son office

MENVISIER DE NEVERS.

En quartiers tout son corps a mis,
Pour faire largesse aux amis,
D'vn Seigneur qui sans la connestre,
N'en fut pas deux heures le maistre,
N'en ayant pour tout retenu,
Apres ce malheur aduenu,
Qu'vn pied qu'il veut que l'on aplique,
Comme vne sanglante relique,
Pour estre à iamais vn marteau
A la porte de son château;
Pour moy d'vne façon adroite,
I'eus à ma part la cuisse droite,
Dont i'ay fait faire vn grand pasté;
Que si vous en auiez tasté,
Vous ririez en vostre pensée,
De l'auoir si bien engraissée;
I'accorde que vous auez tort,
Puis que la cause de sa mort,
Par vn malheur est abordée,
Pour ne l'auoir pas bien gardée.
Apprenez mieux vne autre fois,
A faire fermer vostre bois,
De crainte que par aduanture
Vne semblable sepulture

F ij

Ne vous rendist le cœur mary,
Par la perte de son mary.
On tient que ce Serf est capable
Dans cét accident lamentable,
De se porter quelque matin,
A suiure son mesme destin ;
Que si ce malheur le doit suiure,
Qu'il se trouue lassé de viure,
De crainte de vous ennuyer,
Vous n'auez qu'à nous l'enuoyer,
Nous auons vne adresse extreme,
Pour empescher que sur luy-mesme,
Il ne fasse le mesme effet,
Que dessus sa Biche on a fait.
Mais quoy ! sa mort est sans remede,
Vous auez beau crier à l'ayde,
Faisant la guerre à vos apas,
Quelle ne retournera pas.
Mourir ! ce n'est pas de merueilles,
Si la Parque auoit des oreilles
Comme vostre biche en auoit,
Peut-estre qu'elle escouteroit ;
Ie me plais tant à vous voir rire,
Que s'il ne tenoit qu'à luy dire

MENVISIER DE NEVERS.

Qu'elle la fist refusciter,
J'irois pour la folliciter,
Iusques dedans les lieux funebres,
Où son esclat fait les tenebres.
Mais c'est perdre temps & discours,
Il faut que le mal ait son cours,
Car cette horreur qui rien ne doute,
De mesme qu'Amour ne voit goute;
Les Dieux ont ordonné ce point,
Que la mort n'escouteroit point;
Pour vous consoler dauantage,
C'est qu'apres son sanglant partage,
Elle a seruy dedans ce lieu,
D'ornement à la Feste-Dieu,
Estant en pastez magnifiques,
Dessus maintes belles boutiques,
Donnant de la tentation
A ceux de la procession.
Vous n'estes pas seule adonnée,
A soûpirer sa destinée;
Monsieur l'Huissier qui la mena,
Quand Madame vous la donna,
Dedans ce sensible dommage,
Creue de depit & de rage,

De n'auoir pas eu vn manteau
De l'argent qui vient de sa peau,
Pour conclure, ie vous suplie
De bannir la melancolie,
Qui pour vn si maigre sujet
Ternit l'esclat de vostre objet,
Et sans vous en prendre à vos charmes,
Garder vos soûpirs, & vos larmes,
Pour vous oster vn iour le faits
Des pechez que vous auez faits.

MENVISIER DE NEVERS.

REQVESTE DE LVTEMPICANOR Menuisier de la Princesse Roxelane, femme de Soliman, par laquelle il se plaint à sa Hautesse, de ce que son Argentier Lustubron ne luy veut pas payer les parties de la besongne qu'il a faite dans le Serrail, traduite de Turc en François, par Maistre Adam, tirée de l'Histoire de Monstruofuron Historien Turc.

ADORABLE, & belle Princesse,
Ie me presente à vostre Hautesse,
Pour me plaindre que Lustubrond,
Pour faire son conte tout rond,
Est tousiours prest quand on aporte;
Mais depuis qu'on passe sa porte,
Pour luy demander de l'argent,
Il paroist aussi diligent,
A foüiller dans son escarcelle,
Qu'vn page que son maistre appelle,
Paroist habile à s'aduancer
Vers le foüet qui le fait dancer:

LES CHEVILLES DV

Il iure, il afirme, il attefte,
Que Soliman luy doit de refte,
Du dernier voyage qu'il fit,
Quand le grand Souldan il defit;
Et pour auoir fourny de mefme,
Tous les efcharuis du Carefme,
Parce que Boftangibaſſy
Auoit negligé le foucy,
Qui doit fournir voftre mefnage
Par les labeurs du jardinage,
Ainfi qu'on voit au fecond rang,
Du texte de noftre Alcoran;
Il femble que voftre ordinaire,
Defpande de ce mercenaire,
De cét efprit ambitieux,
Qui perdra le chemin des Cieux,
A caufe de l'humeur brutale,
Qui l'oblige comme vn Tantale,
A negliger ce que promet,
Le fainct Prophete Mahomet,
A toute ame qui voudra fuiure,
Les beaux preceptes de fon Liure:
Ie fus hier dans fa maifon,
Luy prefenter vne Oraifon,
Capable de rendre flechible,
Le naturel le moins fenfible;

Ie luy

MENVISIER DE NEVERS.

Ie luy parlois de la rigueur
Qui tient ma pauure ame en langueur,
Comme par faute de pecune
Mon mesnage couroit fortune,
De retourner au mesme point,
Qu'il estoit quand il n'estoit point;
I'estois dans vn respect extresme,
Comme si c'estoit à vous-mesme;
Ie luy parlois à cœur ouuert,
Souple comme vn arbrisseau vert,
Ie flechissois ma pauure teste,
Deuant cette arrogante beste,
Comme ces vieux parens faisoient,
Vers le veau d'or qu'ils adoroient:
Pour flechir son humeur auare,
I'estois à moy-mesme barbare,
Car n'estant pas homme à flater
Que les filles de Iupiter,
Ie faisois en cette aduanture
Vn crime contre ma nature;
Mais mon Dieu, que ne fait-on pas!
Et de quelle sorte d'appas,
N'vse-t'on point dessus la terre,
Pour adoucir l'iniuste guerre,
Dont souuent la necessité
Braue nostre felicité.

G

En fin ie luy faifois l'hommage,
Qu'vn bigot fait pour vne image;
Il eſtoit dans ſon cabinet
Emmiſtouflé dans ſon bonnet,
Comme vn limaçon dans ſa coque,
Ou comme vn Eſleu dans ſa toque;
Bouffy d'orgueil dans ce treſor,
Comme vn Nabuchodonoſor,
Il alla faire vne démarche,
Diſant pareil aux Dieux ie marche;
Lors ie creus veritablement,
Qu'à moins que d'vn grand compliment,
Ie ne pourrois rien faire encore,
Pres de cette illuſtre pecore;
S'eſtant dedans ſa chaiſe aſſis,
Le regardant d'vn ſens raſſis,
Ie luy dis, O noble & ſage homme,
C'eſt ainſi qu'il veut qu'on le nomme,
Depuis qu'il a plumé loyſon
Dedans voſtre Illuſtre maiſon:
Plairoit-il à voſtre Excellence
De me donner de la finance,
Ainſi qu'il vous eſt ordonné
Dans cét eſcrit qu'on m'a donné;
Ce vieux eſclaue de Leſine,
Me fit auſſi toſt vne mine,

MENVISIER DE NEVERS.

Qui representoit le pourtrait,
D'vn constipé sur vn retrait;
Son front ressembloit en sa ride,
Le museau d'vn asne qu'on bride;
Ses deux vilains naseaux pissoient,
Sous deux vitres qui les pressoient,
Vne si vilaine roupie,
Que pour en faire la copie,
Il faudroit aller en Enfer
Faire morfondre Lucifer:
Ses yeux en sinistres Planettes,
Marquebusoient par ses lunettes
En me decochant des regards
De Basilics & de Lezards:
Sa barbe sale & mal peignée,
Qu'il rase auec vne coignée,
Crasseuse & toute en desaroy,
Me donna beaucoup plus d'effroy,
Y voyant vn nombre de gardes,
Dont les pieds sont les hallebardes:
Bref le voyant de la façon,
Mon poil deuint en herisson,
Et ie ne sçay par quelle ruse,
Deuant ce frere de Meduse,
I'eus le pouuoir de m'empescher,
A ne pas deuenir rocher.

Toutefois comme en se rencontre,
Ie n'aspirois qu'à faire montre,
Ie luy presentay mon papier:
Mais ce cœur de marbre & d'acier,
Me dit en suiuant ses vieux contes,
Allez dire à Meßieurs des Comtes,
Que leur papier ny leur escrit,
Ne font non plus sur mon esprit,
Qu'vn Euesque auecque sa mître,
Feroit sur l'esprit d'vn Ministre.
Moy ne pouuant me rebuter,
Croyant qu'à force de flater,
I'adoucirois par mes paroles,
Cét idolatre de pistoles;
Ie dis, Lustubron mon amy,
Quand vous ne feriez qu'à demy
La somme que ie vous demande,
Vostre faueur me seroit grande;
Considerez que vous deuez,
Plus de bien que vous n'en auez;
Et permettez que ie vous die,
Qu'ainsi qu'vn Roy de Comedie,
Vous tenez vn Sceptre à la main,
Que vous ne tiendrez pas demain:
Si l'on sçauoit vous faire rendre,
Aussi bien que vous sçauez prendre,

MENVISIER DE NEVERS.

Qu'il fait mauuais choquer l'humeur,
D'vn qui sçait passer pour rimeur,
Et que le mal qui me fait plaindre,
Oblige ma Muse à vous peindre ;
C'est pourquoy si vous me croyez,
Il faudra que vous me payez :
Mais auec tout mon artifice,
I'eus moins de raison que d'vn Suisse :
Au contraire, ce vieux magot
Cherchant la branche d'vn fagot,
Me porta dans ce point extresme,
Que d'en vouloir faire de mesme ;
Le bruit que ce vilain tonna,
Tous ceux de sa chambre estonna,
Il ne fut pas iusqu'à sa femme,
Qui blasmant sa façon infame,
Pour m'assister en ce reuers,
Le vint regarder de trauers.
En fin voila les reparties
Qu'il a faites sur mes parties :
Madame, ie laisse à penser
Si ce n'est pas vous offenser,
Que de traiter de cette sorte
Vostre illustre faiseur de porte :
Si i'auois ce don auiourd'huy,
D'estre Receueur comme luy,

C'est à dire d'humeur à prendre,
Et de serment à ne rien rendre,
Ie n'irois pas l'importuner,
Il ne viendroit pas bourdonner,
Comme un frislon à vos oreilles,
Croyant qu'en disant des merueilles,
Il aigrira vostre courroux
Pour me bannir d'aupres de vous:
Mais cette grosse esponge à soupe,
N'a pas le vent assez en poupe,
Pour me causer heurcusement
D'un si funeste changement;
Que s'il auoit assez de force
Pour me procurer cette antorce,
Vne semblable défaueur
Le feroit double Receueur:
Mais ce seroit d'vne monnoye,
Que si ceux qui sont dans la voye
De leuer l'impost du Poinçon,
Estoient payez de la façon,
Chacun fuiroit la destinée
Des partisans de la Vinée:
Car ie veux que ce rechigné,
Auecque son groin refrogné,
Aprenne que ie fais la nicque,
Aux amateurs de sa pratique,

MENVISIER DE NEVERS.

Et qu'auprés d'vn tel animal,
Ie suis Poëte & Caporal;
Que si iamais ce vilain tombe,
Sous la pesanteur d'vne tombe,
Que la Parque pour nous vanger
Le vienne faire desloger;
O iuste Ciel ie te conjure,
Qu'à ce gros mignon d'Epicure,
Pour le punir de son orgueil,
Ie puisse faire le cercueil,
Ou plustost l'estuy de malice
De ce cloaque d'avarice;
Il n'est point de bois assez fort,
Que mon bras d'vn robuste effort,
Ne cheuille à perte d'haleine,
Pour empescher qu'il ne reuienne,
Ie le cloüeray d'vne façon,
Que si l'espouuantable son,
Qui doit effroyant la Nature,
Tirer les morts de sepulture,
L'on peut faire sortir dehors,
Il aura plus d'vn diable au corps.
Mais où m'emporte icy la flame
Dont la Muse eschauffe mon ame,
Belle Princesse pardonnez,
Si mes sens se sont adonnez,

A faire l'horrible peinture
De cette infame creature:
Ie prophane icy mon pinceau,
Faisant le pourtrait d'vn pourceau,
Luy qui ne doit suiure l'vsage,
Que de peindre vostre visage:
Donnez dedans ce changement,
Quelque chose à mon sentiment,
Me faisant ce bien que de dire
A ce visage de Bussire,
Qu'il me rende mieux satisfait,
Qu'au temps jadis il n'a pas fait:
Autrement d'vn bras homicide,
A l'imitation d'Alcide,
Ie le pousseray dans les rangs,
Où l'enfer a mis les Tyrans,
Car vn hemme de cette sorte,
Vaut bien que le Diable l'emporte.

En l'an

MENVISIER DE NEVERS.

EN L'AN MIL SIX CENS TRENTE-HVIT, Maistre Adam estant allé à Paris pour vn procez qu'il auoit pour vne maison pretenduë, contre le curateur de sa femme; au lieu de plaider fit ces vers à Monsieur le Cardinal de Richelieu, qui luy donna pension.

RINCE, *dont les conseils ont vaincu nos malheurs,*
Miraculeux effet des Puissances Diuines,
Qui donnes à la France vne moisson de fleurs,
Dont nos fiers ennemis ressentent les espines;
Oracle dont la voix par vn diuin secours,
Asseure vn Siecle d'or à la suite des iours,
Qui vont combler d'honneurs & de biens cét Empire.
Grand Atlas, le soustien de l'Eglise de Dieu,
Incomparable apuy qu'vn mortel ne peut dire,
Que par ces mots sacrez, Armand de Richelieu.

LES CHEVILLES DV

L'éclat de ta vertu qui luit dessus les bords,
Où le Soleil commence & finit sa cariere,
M'a tiré d'vn climat où les plaisirs sont morts,
Où ie vis le malheur quand ie vis la lumiere,
Pour offrir de l'encens aux superbes Autels
Qui mettent ton renom au rang des immortels,
Et prier ta bonté de se rendre opportune,
A l'impuissant destin qui me veut secourir;
Mais qui trauaille en vain au bien d'vne fortune,
Que tu peux d'vn seul mot faire naistre ou mourir.

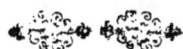

Ie sçay que les trauaux de mille beaux esprits,
Pour t'immortaliser ont fait vne peinture,
Qui montre à l'Vniuers que ta gloire est vn prix,
Pour qui le Ciel dispute auecque la Nature.
Ie sçay que proche d'eux mes vers n'ont rien de beau,
Qu'ils ne verront le iour que pour voir le tombeau,
Qu'estant d'vn Menuisier, ils sont pleins de cheuilles,
Et que ie ne suis pas capable des douceurs,
Que ces diuins esprits empruntent de ces filles
Que le Pere du iour appelle ses neuf Sœurs.

MENVISIER DE NEVERS.

Ie n'entre pas auſſi dans cette vanité,
D'entreprendre auec eux de chanter tes merueilles,
Quand ie trauaillerois toute vne eternité,
Ie ne pourrois loüer la moindre de tes veilles;
Toy-meſme dont l'eſprit n'a rien de limité,
Qui paſſes le ſçauoir que la Diuinité
A mis dans l'intellect des hommes & des Anges;
Si tu prenois le ſoin de vouloir exprimer
L'honneur que l'Vniuers doit rendre à tes loüanges,
Tu manquerois de force à te bien eſtimer.

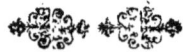

Ie me contenteray de dire ſeulement,
Que mon Roy, la terreur de tous les Roys du monde,
A choiſi ton Eſprit comme vn ſubtil aimant,
Qui tire à ſon pouuoir toute la terre & l'onde;
Bien que ce ieune Mars par tant d'exploits guerriers,
Se courbe en ſon printemps ſous vn faix de lauriers,
Qu'il rende des Ceſars la gloire diſſipée,
Si faut-il auoüer que lors que le malheur
Fuit & tourne le dos aux coups de ſon eſpée,
Tes Conſeils le font craindre autant que ſa valeur.

H ij

Pardonne, grand Heros, si d'vn rude apareil
Ma plume ose tanter vn si diuin ouurage,
Ie ne suis pas Icare, adorable Soleil,
Ie ne viens pas aussi pour chercher mon naufrage;
Que si tu prens plaisir à quelqu'vn de ces trais,
Le temps les ornera de plus riches attraits,
Ton accueil m'acroistra le desir de poursuiure,
Mes vers s'embelliront d'vn stille plus parfait:
Mais il faut, grand esprit, que pour les faire viure,
Tu fasses viure aussi le pere qui les fait.

MENVISIER DE NEVERS.

RONDEAV SVR LE NOM
DE RICHELIEV.

D'Vn Richelieu ie ne suis pas venu;
  Mes vestemens qui me laissent tout nu,
En donnent bien l'entiere connoissance;
L'Astre inhumain qui fut à ma naissance,
Dans vn rabot mit tout mon reuenu.

 Tous les Deuins qui depuis m'ont connu,
Pour m'obliger cherchent par le menu,
Si i'vseray mes iours sans assistance
   D'vn Richelieu.

 Ie ne sçay pas si leur esprit cornu,
Doit l'aduenir regler par l'aduenu,
Ce seroit bien irriter ma constance:
Quoy que s'en soit, ie vis dans l'esperance
Que ie seray quelque iour maintenu
   D'vn Richelieu.

A MONSIEVR LE MARESCHAL
DE LA MILLERAYE,
GRAND MAISTRE DE L'ARTILLERIE de France, sur son voyage de Bourbon l'Archambaut, où il s'alla baigner apres la prise d'Aras.

SONNET.

Qvel prodige veux-tu nous montrer de nouueau,
 Toy qui ne vomis rien que flame & que tēpeste,
Crois-tu que les lauriers qui sont courber ta teste,
 Estant nourris de feu puissent viure dans l'eau.

Hercule ainsi que toy, dés l'âge du berceau,
 Eut tousiours aux combats sa dextre toute preste:
Mais ayant acheué sa derniere conqueste,
 La flame couronna sa vie & son tombeau.

Toutefois admirant ta valeur sans pareille,
 Estre comme vn Soleil, vne errante merueille,
 Qui sert de phare aux yeux de cent Heros diuers,

Le seul raisonnement où mon ame se fonde,
 C'est qu'ayant par tes faits estonné l'Vniuers,
 Tu vas comme vn Soleil te reposer dans l'onde.

TOMBEAU
DE SON ALTESSE SERENISSIME
LE DVC BERNARD
DE SAXE VVIMAR.

SONNET.

CE Prince, dont le cœur plus grand que l'Vniuers,
Des plus fameux Heros a surmonté l'estime,
N'est plus dans ce Tombeau qu'vne pasle victime
Que la Parque a soubmise à la mercy des vers.

Sans la fatalité du funeste reuers,
   Dont la mort fait tomber du trosne dans l'abysme,
   Cét Hercule auroit mis par vn coup legitime,
L'insuportable orgueil de l'Austriche à l'enuers.

Son bras plus redoutable, & plus craint que la foudre,
   Aux plus hardis Titans faisoit mordre la poudre,
   Et fut des opprimez l'inébranlable apuy.

Mais Iupiter sur luy fit esclater son ire,
   De crainte que montant sur l'Aigle de l'Empire,
   Il ne se fust rendu plus redouté que luy.

SONNET ACROSTICHE
SVR LE NOM
D'ARMAND DE RICHELIEV.

Abbatre d'vn Conseil les plus forts bouleuars,
Renuerser les projets d'vne orgueilleuse race,
Moissonner des Lauriers parmy des estendars,
Aprendre à l'Vniuers que mieux qu'vn Dieu de Trace,
Nostre Roy doit monter au Trosne des Cesars.

Dresser en vn moment cent bataillons espars,
Donner de la chaleur à leur guerriere audace,
Esleuer des Autels du debris des rampars,
Reduire les mutins au recours d'vne grace,
Instruisant la valeur dans les plaines de Mars.

Combatre pour la Foy plustost que pour la Gloire,
Honnorer les vertus des filles de Memoire,
Estre en cent mille endroits sans eslongner vn lieu,
Luire comme vn Soleil en d'eternelles veilles,
Ioindre nos interests aux volontez de Dieu:
En fin estre vn prodige à faire des merueilles,
Voila ce que l'Europe admire en Richelieu.

MAISTRE

MAISTRE ADAM ESTANT ALLE' A
Ruel vn Samedy veille de Pasques, pour voir Monsieur le Cardinal, & ne l'ayant pû voir, fit cette
Epigramme à Monsieur l'Abbé de Bois-Robert.

EPIGRAMME.

CHer Abbé, ne t'offence pas,
Si ma trop longue impatience
Me fait retourner sur mes pas,
Pour nettoyer ma conscience,
Demain, si tost que mes pechez
Seront de mon cœur detachez
Par l'effet de la Penitence,
Tu me reuerras en ce lieu;
Peut-estre qu'assisté de Dieu
Ie verray mieux son Eminence.

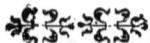

MAISTRE ADAM PRESTANT SA main à vne Dame qui sortoit d'vn bateau, trouua la sienne si belle, qu'il luy fit ces vers sur le champ.

STANCES.

SI l'on te sçauoit bien connestre,
Aimable sujet de mes vers,
Vn Sceptre te feroit parestre
Dans l'Empire de l'Vniuers;
Belle main de lys & de roses,
Celle qui ferma toutes choses,
Pour montrer le pouuoir de sa diuinité,
Dans cette admirable peinture,
Des merueilles de la Nature,
N'a rien fait qui me touche au prix de ta beauté.

MENVISIER DE NEVERS.

Sans doute sa grandeur supresme,
Fit vn amas de ses tresors,
Pour faire vn portrait d'elle-mesme,
Dans l'assemblage de ton corps :
Mais cét abregé de merueilles,
De qui les graces nompareilles,
Aux plus grands Conquerans peuuent donner la loy,
Ces yeux, ce sein, & ce visage,
Auecque tout leur aduantage,
N'ont pas dessus mes sens tant d'empire que toy.

Hier quand sur les bords de Loire,
Ie goustay ce bien de le voir,
Que ie triomphay de la gloire,
D'estre enchaisné sous ton pouuoir;
Que tu pris des soins & des peines,
A faire des fers & des chaisnes,
Où mesme la rigueur me montra des appas,
Belle main ta force fut telle,
Que ma prison est eternelle,
Si ie n'en doy sortir par la main du trespas.

I ij

LES CHEVILLES DV

O trop adorable aduersaire,
Qui m'as si doucement surpris,
Laisse-moy languir sans deffaire,
Les doux liens dont tu m'as pris;
Fay redoubler ma seruitude :
Car bien que mon tourment soit rude,
Ie trouue tant d'apas aux maux que i'ay souffers,
Que ie iure par ta puissance,
Que i'vserois de resistance,
Si ta douce rigueur vouloit rompre mes fers.

CONSEIL DE MAISTRE ADAM A
Vn sien amy, qui l'auoit prié de voir vne Dame
qu'il aimoit, pour descouurir ce qu'elle auoit dans
l'ame touchant sa passion.

IE vis hier matin la Belle,
Qu'à bon droit tu nommes cruelle,
Puis qu'à ne point mentir ie croy,
Qu'elle n'aime ny toy ny moy.
Il est vray qu'elle est adorable,
Que son humeur incomparable
A la puissance de charmer,
Ce qu'on tient capable d'aimer.
Ie l'ay long-temps entretenuë,
Et d'vne façon retenuë,
I'ay passé deux heures du iour
A luy parler de ton amour.
Mais son discours & son visage
M'ont bien appris que son vsage,
N'aspire qu'à faire mourir
Ceux qu'elle pourroit secourir.
I'entens les Amans de ta sorte,
De qui la passion trop forte,

Te gesne dans vne prison,
Où n'entra iamais la raison :
Si iamais dans ma confidence,
Tu rencontras quelque prudence ;
Et s'il m'est encore permis,
De me vanter de tes amis ;
Permets qu'icy ie te conseille,
De n'aimer plus cette merueille :
Ferme les yeux à sa beauté,
Mocque toy de sa cruauté,
Et pour sortir de seruitude,
Regarde son ingratitude,
De mesme qu'vn triste nocher,
Qui voit du faistre d'vn rocher,
L'inconstant & cruel Neptune,
Donner ses biens à la Fortune ;
Ainsi que toy ie fus espris,
Des charmes de cette Cypris ;
Il me reste quelque fumée,
De l'ardeur de la voir aimée,
Pour considerer ses apas,
I'ay perdu cent fois mille pas :
Mais voyant que mon esperance,
Mes vœux, & ma perseuerance,
Ne seruoient que pour l'irriter,
Ie fus contraint de la quitter ;

MENVISIER DE NEVERS.

Fais en de mesme ie te prie,
Et pour changer d'idolatrie,
Ie t'attens dans vn lieu diuin,
Où l'on n'adore que le vin;
Ié vn feuray qui fait ce message,
Y fit iadis apprentissage,
Son nez te fera voir l'effet
De la fortune qu'on y fait;
C'est là que mon ame se range,
Où Baccus passant pour mon Ange,
Me fait entonner nuit & iour,
Viue le vin, fi de l'amour,
Et de toutes ces inhumaines
Qui font vanité de nos peines.

LES CHEVILLES DV

MONSIEVR LE COMTE
DE LANGERON
DEMEVRANT A NEVERS,
blasmant Maistre Adam de ce qu'il preferoit le cabaret à sa table, il luy fit ces vers.

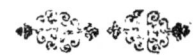

ESTALE par toute la terre
Ton los immortel & diuin,
Comme ton cœur ayme la guerre,
Le mien ne cherit que le vin.
De mesme que Mars a des charmes,
Qui parmy la gloire des armes,
Te font triompher du malheur;
Ainsi l'Astre qui me gouuerne,
Me fait trouuer à la tauerne,
Ce que l'on trouue en ta valeur.

C'est

MENVISIER DE NEVERS.

C'est dans ce sejour delectable,
Que ce grand Moteur du sermant,
Me fait rencontrer à la table,
Le solide contentement ;
C'est là qu'on nargue la Fortune,
Que le destin est sans rancune,
Qu'vn rot fait trembler le trépas ;
Et dans ce lieu de renommée,
Si ta santé n'estoit nommée,
Peut-estre ne viurois tu pas.

Ne choques plus ma destinée,
Puis qu'elle m'a mis en vn rang,
Où ie dois verser la vinée,
Comme ie dois verser le sang ;
Que le Demon qui t'accompagne,
Fasse perir celuy d'Espagne,
Ie n'en auray point de soucy ;
En te laissant faire ie t'ayme :
Mais ie te veux prier de mesme,
Que tu me laisses faire aussy.

VN CERTAIN COMTE, PRODIGVE comme Tantale, ayant fait faire des vers à Maiſtre Adam, & ne l'en ayant pas remercié, le voulut en ſuite engager à faire les vers d'vn Ballet, il luy fait ceſte reſponce.

COMTE, c'eſt temps perdu de croire,
Que dans vn Hyuer ſi peruers,
Ie puiſſe meriter la gloire
De te pouuoir faire des vers;
Ie fus hier ſur le Parnaſſe
Chercher ces diuines couleurs,
Mais ie n'ay trouué que la glace,
Où jadis ie trouuay des fleurs.

Dans vne mine rechignée,
I'ay veu Phebus dans ſa maiſon,
Qui cherchoit la ieune ſaiſon,
Sous vne antique cheminée;

MENVISIER DE NEVERS.

Dedans vn piteux desaroy,
Son Luth crioit misericorde,
Qui n'auoit plus rien qu'vne corde,
Qui bandoit à cause du froy.

Là ces neuf filles eternelles,
Qui n'ont pas vaillant vn denier,
Sembloient ces trois sempiternelles
Qui sont au bordel de Renier;
Les voyant toutes acroupies,
Si i'eusse veu dans ce reuers,
Autant de mots que de roupies,
Tu n'aurois pas manqué de vers.

Ie vis le celeste flambeau,
Contre l'ordre de sa nature,
Qui iettoit vn esclat moins beau,
Que celuy là de sa peinture.
Bref sans discours ny compliment,
Voyant tout aller de la sorte,
Ie retournay tout doucement
Mes pas du costé de la porte.

J'eus le desir en devalant,
De toucher au cheual Pegase,
Mais il estoit en mesme extase
Que le cheual * de Iean Vollant,
Ie ne trouuay point d'hypocrene ;
Car dans ce changement fatal,
Sa jambe au lieu d'vne fontaine,
Iettoit vn quartier de cristal.

*Vn cheual de bois qu'à son Cellier.

En fin pour conclure, i'estime
Que ie n'ay plus rien de diuin,
Et que s'il faut trouuer la rime,
Ie la dois chercher dans le vin ;
Mais vn mauuais sort dont la course
M'estonne autant que le trespas,
A depuis peu tary ma bourse,
Et le vin ne se donne pas.

MAISTRE ADAM ESTANT A
Langeron auec le Seigneur du lieu, & grande
compagnie, pour inuiter vn sien amy à les venir
trouuer, luy escriuit cette Lettre à Neuers.

Amon tu sçauras par ces Vers,
Qu'on boit icy mieux qu'à Neuers,
Et nous n'aurions point d'amertume,
Si le melancolique rume
Qui te fait tant parler de Dieu,
Ne t'esloignoit point de ce lieu :
Nous auons tous passé la Feste
A boire, mais à pleine teste,
D'vn vin qui vaut mille fois mieux
Que le Nectar, que dans les Cieux
Dans Hebé la diuine coupe
Ganimede verse à la troupe,
Qui fait vanité de roter
A la santé de Iupiter,

Et de qui la chaude nature
Petillante, brillante, & pure,
Aussi-tost que nous l'aüallons,
Nous échauffe iusqu'aux talons;
Encore que les destinées
*L'ayent conserué trente * années;*
Son pouuoir antique & sçauant,
Nous rajeunit en le beuuant.
Si ton nez n'a plus la roupie,
Si tu ne grailles plus en pic,
Bref si tu n'es plus morfondu,
Pour auoir ton argent perdu,
Sans craindre ny marets ny crote.
Va prendre vn cheual à la poste,
& viens en diligence icy,
Pour bannir l'extreme soucy,
Qu'vne trop longue absence apporte,
Pour vn biberon de ta sorte;
Que si ton Patrocle Grillon,
*Est las de branler le ****
Dessus la Nymphe à luy donnée,
Par le Prestre & par l'Hymenée,
Tu peux (pour auoir mieux dequoy)
Le trousser en malle auec toy;
Vous serez rauis, car ie meure
Que cette diuine demeure

* C'est du vin qu'il
y a trente ans qui
se conserue sans
estre gasté.

MENVISIER DE NEVERS.

Où le premier homme pecha,
Alors que Belzebuth prescha,
Ce tres Normandissime pere,
Soubs la forme d'vne vipere,
Auoit, n'en desplaise au bon Dieu,
Rien de si charmant que ce lieu ;
Icy nostre fortune assemble
Quatre Diuinitez ensemble,
Baccus, Mars, Apollon, Amour,
Ont des autels en cette Cour :
Mais parmy ces Dieux que ie nomme,
Cupidon a gaigné la pomme,
Par les attraits d'vne beauté,
Qui détruiroit la liberté
De toute nostre Illustre troupe,
Si mon cœur captif de la coupe,
Ne preferoit à ses apas,
La suffisance d'vn repas.
Haste toy donc ie t'en conjure,
Puis qu'à moins que de faire injure,
A des gens de mise & d'alloy,
Tu ne peux dire excuses moy.
Adieu, i'escrirois dauantage,
Si ie n'entendois pas vn page,
Qui d'vn ton remply de vertu,
Va s'escriant Adam où es-tu,

Le premier est dessus la table;
A ce propos si delectable,
Ie ne paraistray pas si sot,
De l'entendre & ne dire mot.
Aimant mieux de moy faire montre,
Que d'imiter en ce rencontre,
Celuy dont ie porte le nom,
A qui l'on donne le renom
D'auoir fait de la sourde oreille,
Lors que iuché sous vne treille,
De déplaisir mordant ses dois,
Dieu l'appella plus de six fois.
Adieu cher amy que i'honore,
Auant que l'on m'appelle encore,
Ie vas finir auec espoir,
Que demain tu nous viendras voir.

MENVISIER DE NEVERS.

VNE FILLE DE GRANDE condition, prie Maiſtre Adam de luy faire des vers, il luy fait cette reſponſe.

Que mon eſprit n'eſt-il capable,
De faire des vers auſſi dous,
Comme vous eſtes adorable,
Aux Princes qui meurent pour vous;
Vn pinceau ſans fard & ſans feinte,
Rendroit voſtre Beauté depeinte,
Dans vn ouurage ſans eſgal,
Où le ſçauoir de la Nature,
Confeſſeroit que ma peinture
Vaudroit bien ſon original.

Voſtre viſage qu'on adore
Comme un miracle ſans pareil,
S'y verroit peint comme l'Aurore,
Et vos yeux comme le Soleil.
Quelque bien que la France eſpere,
Du courage dont voſtre pere
Braue l'Enuie & le Malheur,
Quoy qu'il vainque tout par ſes armes,
Ie ferois dire que vos charmes
Sont plus puiſſans que ſa valeur.

Vos vertus qui n'ont point d'exemples,
Donneroient un luſtre à mes vers,
Comme les Dieux donnent aux Temples,
Qu'on leur dreſſe dans l'Vniuers.
Mais, ô diuine Cariſtée,
Ie parle comme un Prometée,
Ie me repens d'auoir eſcrit ;
Mon deſir vous fait un outrage,
Puis que pour faire un tel ouurage,
Il faudroit rauir voſtre eſprit.

LA MERE DE MAISTRE ADAM estant morte de la peste dans vne isle proche Neuers, où elle est enterrée, luy allant rendre les deuoirs que nous deuons à ceux qui nous ont fait naistre, fit ces vers.

OVCHE' d'vne douleur amere,
Ie viens tous les iours sur ses bords,
Où le cadaure de ma mere
Croist le triste nombre des morts;
Où suiuant l'ordre de Nature,
Considerant la sepulture,
Où gist l'objet de mon amour,
Ie sens de si dures attaintes,
Que ie fais redire mes plaintes
A tous les Echos d'alentour.

Pressé d'vne horrible manie,
J'appelle les Dieux inhumains,
Exerçant vne tyrannie,
Contre moy-mesme de mes mains;
Là mon ame en fureur deteste,
Contre la rage de la peste,
Qui me suscite ces malheurs,
Et mes yeux en ouurant leur bonde,
Font que mesme la Loire gronde
Se voyant grossir de mes pleurs.

On ne me voit plus dans t. ille,
L'œil d'Aminte ne m'est plus beau,
Mon element est dans cette isle,
A gemir dessus ce tombeau;
Mes amis ont perdu l'vsage
De recognestre mon visage,
Tant il est pasle & descharné,
Et maintenant ie ne m'amuse
Qu'à faire chanter à ma Muse
Vn Libera me Domine.

MENVISIER DE NEVERS.

Si dans vn deüil si plein de rage,
Cloton m'ouuroit le monument,
Elle repareroit l'outrage
Qu'elle a fait à mon sentiment.
Parmy ces marescages sombres,
Où la mort engage les ombres
A l'eternité d'vn sejour,
Bannissant l'ennuy qui m'entame,
I'iray rejoindre la belle ame,
Sous laquelle ie vis le iour.

En quelque part que tu repose,
Chere ame, si pour me punir,
Le Ciel de ce que ie propose,
Ne t'empesche le souuenir;
Tu sçauras que toute ma vie,
Poussé d'vne pieuse enuie,
Ie viendray pleurer dans ces lieux,
Et qu'auant que finir mes larmes,
Iupin aura perdu les armes
Dont il murmure dans les Cieux.

Autre sur le mesme Sujet.

Epuis l'heure triste & funeste,
Que le messager du malheur,
Me dit pour croistre ma douleur,
Ta mere est morte de la peste ;
Ie n'ay cessé de souspirer,
Mes yeux n'ont cessé de pleurer,
Le flambeau du iour m'importune ;
I'ay si peu de contentement,
Que l'œil de la bonne fortune
Me plaist moins que le monument.

Ie ne vois plus rien qui me plaise,
C'est en vain de me consoler,
Si quelqu'un me pense parler,
Il est ennemy de mon aise ;
Ce coup est si rude à mes sens,
Que ie croy les Dieux impuissans
Pour m'y rapporter le dictame,
S'ils ne vouloient d'vn mesme accord,
Comme mon corps, rendre mon ame
Tributaire aux loix de la mort.

MENVISIER DE NEVERS.

Car quand bien le coup de la Parque,
M'auroit reduit sur l'Acheron,
Que i'aurois acru de Caron,
Le tresor qui vient de sa barque ;
Si quand & mon corps au cercueil,
Mon ame n'enfermoit le dueiil
Qui m'auroit finy ma fusée,
Par la suite de mes douleurs,
Ie ferois dedans l'Elisée
Naistre vn deluge de mes pleurs.

Ie iure la saincte Lumiere,
Que dans ce trouble qui me suit,
La couche ne me sert de nuit
Que pour espandre vne riuiere ;
Que si le sommeil seulement,
Me va captiuant vn moment,
Dedans ce tourment qui me mine,
Ie ne songe qu'à des corbeaux,
Et m'esueillant ie m'imagine
D'estre couché dans des tombeaux.

LES CHEVILLES DV

Tous les iours sur les bords de l'onde,
Où gist cét immobile corps,
Ma langueur fait voir les efforts
Que peut vne ame furibonde.
Bref dans ce funeste reuers,
I'ay de l'horreur pour l'Vniuers,
Et par vn desespoir extreme,
Par qui mon sort guide mes pas,
I'acheueray par mon bras mesme,
Ce que la mort n'acheue pas.

MENVISIER DE NEVERS.

A MONSIEVR LE COMTE D. A. P.

SONNET.

VA genereux Heros d'vne illustre colere,
Renouueller l'effort de tes actes guerriers,
Et du bras dont tu fis les victoires du pere,
Coupes-en pour le fils des forests de lauriers.

La France pour sa gloire à son secours t'appelle,
Elle a receu par toy tant d'esloges diuers,
Que si l'on eust suiuy ta valeur & ton zele,
Ses bornes s'estendroient aux bout de l'Vniuers.

Mille fois la pitié ma porté iusqu'aux crimes,
De presenter aux Dieux des vœux illegitimes,
Pour esteindre l'ardeur de tes sanglans efforts.

Mais sçachant à quel point tu peux monter l'Histoire,
I'abandonne au hazard la valeur de ton corps,
De crainte d'offencer la grandeur de ta gloire.

M.

MONSIEVR D. L. ALLANT COMmander l'armée en Italie, apres s'estre fiancé à Madamoiselle D. B. passant à Neuers Maistre Adam luy fit ce Sonnet.

SONNET.

Cours genereux Heros, où Bellone t'appelle,
 Dans les plaines de Mars triompher du malheur,
 Suiuant les mesmes pas qu'a tracé ta valeur,
 Rends toy digne du cours d'vne gloire immortelle.

I'espere à ton retour, comme vn second Apelle,
 T'acheuer vn pourtrait d'eternelle couleur,
 Où ma verue s'enflant d'vn excés de chaleur,
 Fera voir les efforts d'vne ardeur naturelle.

Ie peindray comme Hercule au rang des Immortels,
 Encore qu'on luy donne vn Temple & des Autels,
 Amour sceut triompher de sa valeur extresme;

Mais que tout au contraire, on voit paroistre au iour,
 Que plustost qu'enchaisner ta valeur sous l'Amour,
 Tu laisses à la Cour la moitié de toy-mesme.

ESTRENES
A Mʳ LE MARQVIS D. A.
du temps qu'il faisoit l'Amour
à sa femme.
STANCES.

AVIOVRDHVY que l'an renouuelle,
Marquis, ie voudrois de grand cœur,
Te pouuoir offrir cette Belle,
Qui t'oste le nom de vainqueur;
Ie suis lassé de voir tes larmes,
Seruir de triomphe à ses charmes,
Toy qui mesprisant le malheur,
N'as iamais rencontré d'orage,
Qui n'ait fleschy sous ton courage,
Et fait passage à ta valeur.

Il est vray qu'elle est sans exemple,
Sa beauté n'a rien de mortel ;
Mais comme elle est digne d'vn Temple,
Ton merite l'est d'vn Autel :
Ie trouue la nature estrange,
De l'auoir faite comme vn Ange,
Et du visage & de la vois,
Et qu'elle ait paru si barbare,
D'auoir mis dans vn lieu si rare,
Le cœur d'vne fere des bois.

C'est trop long-temps que ta constance,
Sert de victime à sa rigueur,
Il est temps que sa resistance,
Flechisse deuant ta langueur ;
Il faut parauant que l'année,
Rende sa course terminée,
Que tu finisses tes douleurs,
Et que dans ces forests d'espines,
Tu trouues des routes diuines
Qui te conduiront dans les fleurs.

MENVISIER DE NEVERS.

Car sans doute ta servitude,
Vaudroit moins que ta liberté,
Si tousiours son ingratitude
Combattoit ta fidelité.
Mais si cette belle inhumaine
Vouloit recompenser ta peine,
Apres tant de trauaux souferts,
Marquis, la raison me fait dire,
Que l'Vniuers n'a point d'Empire
Qui soit si riche que tes fers.

Qu'Amour ce doux tyran de l'ame,
La fasse bien tost consentir,
A brusler de la mesme flamme
Qui te fait nommer son martyr;
Qu'apres vne si dure attente,
Pour rendre ton ardeur contente,
Vn doux Hymen vous soit donné,
Ie croy que si le Ciel commande
Qu'on enterrrine ma demande,
Que ie t'auray bien Estrenné.

LES CHEVILLES DV

ESTRENES
A Mʀ DES NOYERS,
SECRETAIRE DE MADAME
LA PRINCESSE MARIE,
QVE MAISTRE ADAM LVY FIT
apres la mort de Monsieur du Maine
son Maistre.

EPIGRAMME.

Pour te faire vn present digne de ton enuie,
Il faudroit que le Ciel d'vn effet glorieux,
Nous fist resusciter ce Prince, dont la vie
Passa comme vn esclair pour faire mal aux yeux ;
Le cruel desplaisir dont ton ame se glace,
Iroit dans le cercueil se loger à sa place,
Ton ame en ce rencontre auroit vn bien parfait ;
Cela ne se pouuant, tout ce que tu peux faire,
C'est de te consoler, voyant que la sœur fait,
Pour payer ton merite, autant qu'eust fait le frere.

MENVISIER DE NEVERS.

MAISTRE ADAM ESCRIT A VN
sien riual ce Sonnet, touchant la mort de
leur Maistresse.

SONNET.

Lvcidor, s'en est fait, nostre Amante cruelle
A senty de la mort le coup infortuné,
Et nous n'auons plus rien d'vne chose si belle,
Que l'immortel amour qu'elle nous a donné.

Au mespris de nos vœux, la Parque a butiné
Tous les diuins attraits que nous voyons en elle,
Et ce sanglant malheur m'a si fort estonné,
Que si ie ne la suy ma vie est eternelle.

Si tost que sa belle ame eut changé de sejour,
Que ses yeux en mourant osterent à l'Amour
Deux throsnes où sa gloire estalloit tous ses charmes,

Ie crû qu'vn Dieu jaloux de nous voir tant aymer,
Auança son trespas à dessein que nos larmes,
Esteignissent le feu qui nous doit consommer.

AV REVEREND PERE LE MOINE,
Sur les vers qu'il fit sur la guerison du Roy Louys
treiziesme, apres sa grande maladie qu'il eut à Lyon.

SONNET.

Grand esprit, dont les Cieux ont obligé le monde,
 Le Moine, dont les vers sont si charmans & doux
 Que si le Dieu qui va se coucher dedans l'onde,
 Ne te croyoit son fils, il en seroit jaloux.

Ta venuë nous paroist tellement sans seconde,
 Que le plus fier Critique est pour toy sans courroux;
 Et la terre en lauriers n'est pas assez feconde,
 Pour le riche labeur que tu fais voir à tous.

Les triomphes du Roy si iustement depeints,
 Et de sa guerison les miracles si saints,
 Font croire que la mort en le voulant poursuiure,

Lisant dans tes projets retira son poison,
 Aimant mieux te laisser chanter sa guerison,
 Que de te voir l'honneur de le faire reuiure.
MAISTRE

MENVISIER DE NEVERS.

Monsieur le Chevalier de Monteclair, Gouverneur pour le Roy dans la ville de Dourlan, allant à Bourbon l'Archambaut chercher dans le Bain du soulagement contre vne douleur qu'il auoit dans vn bras où il a esté blessé d'vne mousquetade, passant à Neuers vit Maistre Adam à qui il fit vn present, dont il le remercia par ces vers.

STANCES.

TES liberalitez ont rechauffé mon ame,
  Apres vn rude Hyuer tu fais mon renouueau,
Et ton bras en cherchant du secours dedans l'eau
Par vn prodigue effet me redonne vne flâme
  Qui te fera reuiure en depit du tombeau.

La generosité dont ton ame est suiuie,
  A si bien sceu charmer le Monarque des vers,
Que tu verras vn iour cent Escriuains diuers,
Esleuer sans flatter le pourtrait de ta vie,
  Sur le plus bel endroit du front de l'Vniuers.

Fauorisant ce Dieu que le Parnasse adore,
  Tu fais ressusciter mes premieres chaleurs,
Et les bien-faicts en moy sont des vases de pleurs,
Qui font le mesme effet que celles de l'Aurore,
  Quand Flore & le Printemps luy demandent des fleurs.

N

Combien que mon pinceau semble rude & barbare
Pour peindre des Heros les Martiaux appas,
Si-tost que leur faueur vient esclairer mes pas,
J'ayme mieux les peignant passer pour vn Icare,
Que passer pour ingrat en ne les peignant pas.

Mais il s'en trouue peu qui viuent de ta sorte,
Peu de Grands auiourd'huy sont dignes de ton sort,
Un auare desir qui les ronge & les mord,
Ne leur delaisse rien quand leur charongne est morte
Que des vers animez par les soins de la mort.

Tous ces grands Conquerans, dont l'Histoire est ornée
Pour qui Bellonne a fait tant d'exploits belliqueux,
Alcide, Achille, Hector, & cent mille comme eux,
Auroient eu d'vn bouuier la mesme destinee
Si la Muse eust laissé leur memoire auec eux.

Bien que ton bras eust peint apres mainte victoire
Du sang des ennemis ton extréme valeur,
Que cent fois ton courage ait vaincu le mal-heur,
Pourtant sans le pinceau des filles de memoire,
Le temps en terniroit la plus viue couleur.

C'est par les soings diuers de ces diuines fees,
Que des plus grands Heros on apprend les leçons,
Mais pour bien meriter leurs diuines chansons,
Et laisser à iamais de superbes trophées
Il faut ainsi que toy cherir leurs nourissons.

Au mesme sur du vin que Maistre Adam luy enuoyoit à Bourbon.

STANCE.

MArquis le bien le plus insigne
Que ie tiens du moteur Diuin,
Consiste en trois hommes de vigne,
Dont ie t'apporte tout le vin ;
C'est pour elle que ie soupire
Son estenduë est mon empire,
Et ie ne suis ambitieux,
Depuis que Dieu me la donnee,
Qu'à preparer la destinée,
Pour sauuer sa bonté de l'injure des Cieux.

Dans ce siecle infame de guerre,
Ou tel qui pour trop endurer,
Maudit & deteste la terre,
De la voir si long-temps durer
Ie ne vois rien qui m'importune ;
Et ce lieu qui fait ma fortune
Me doit estre encore plus beau
Si ta valeur incomparable,
Trouue dans ce ius desirable
Ce que les Medecins te font chercher dans l'eau.

Pour vn inconstant qui laisse vne seconde Maistresse, pour retourner à la premiere.

SONNET.

Qv'Aminte viue ou non en des lieux desolez,
Les beautez d'Amasis ont rappellé ma flame,
Il faut recommençant à luy donner mon ame,
Luy rendre les respects qu'vn autre auoit volez.

Ie connois que mes yeux se sont desaueuglez,
Que ma raison blessée a trouué son dictame,
Et i'ay sauué mes sens de cet objet infame,
Qui par vn si long-temps les auoit dereglez.

Enfin chere Amasis, doux espoir de ma joye,
I'apperçois que nos iours se vont filer de soye
Que le Ciel n'aura plus de malice pour nous.

Ie ne me repents plus des caresses d'Aminte,
Le fruict de ses baisers n'estant plus que d'absinte
Les vostres me feront trouuer le miel plus doux.

A Monsieur l'Abbé de Saint Martin de Neuers, Acrostiche & Anagrame ensemble, il s'appelle Iean de Vienne qui fait Ange né en Dieu.

ACROSTICHE ET ANAGRAME.

I Mitateur des plus grands Saincts,
Esprit le plus parfait de ce siecle où nous sommes,
Abbé dont les pieux desseins,
Ne sont sortis des Cieux que pour sauuer les hommes.

Dieu, cet artisan sans pareil,
En qui nous adorons vne essence eternelle,
Voulut en suite du Soleil,
Ietter ton grand esprit dans son mesme modelle.

Et s'il t'a mis en ce bas lieu,
N'en deuons nous pas mieux celebrer ses loüanges,
Nous possedons vn Ange né en Dieu,
Et si nous t'imitons nous serons tous des Anges.

Epigrame que Maiſtre Adam fit porter à ſon fils pour eſtrene à Monſieur l'Abbé de S. Martin ſon parrin, ayant des ſabots aux pieds.

EPIGRAME.

Monſeigneur mon parain, voſtre vie eſt ſi ſainte,
Que l'on vous tient par tout vn pilier de la Foy,
Et c'eſt ce qui m'oblige à vous faire vne plainte,
Pour voir ſi vous ferez vn miracle pour moy,
En faueur de mes vers, ie ne veux autre choſe,
Pour brauer de mon ſort les rigoureuſes lois;
Sinon que vous faſſiez vne metamorphoſe,
De changer en du cuir mes deux ſouliers de bois.

Epigrame que Maiſtre Adam eſcriuit ſur le champ
dans les heures d'vne belle Dame.

EPIGRAME.

Aimable cauſe de ma peine,
Veillez & priez nuict & iour.
Iamais la grandeur ſouueraine
Ne vous donnera ſon amour:
Tant que voſtre ame inexorable
Rendra la mienne miſerable,
Vous perdrez vos vœux & vos pas,
Pource que la bonté ſupreſme
Veut qu'on ayme ce qui nous ayme,
Cependant vous ne m'aymez pas.

Monsieur le Cardinal de Richelieu commanda à Maistre Adam de faire des vers à Monsieur le Surintendant, pour luy demander dequoy aider à payer vne maison qu'il auoit achettée, il fit cette Epigrame sur le champ.

EPIGRAME.

Grand œconome de la France,
Armand m'achete vn bastiment,
Mais le pauure homme est sans finance
Pour acheuer le payement ;
De grace accorde à ma requeste
Ce qu'il faut pour payer le reste,
Que si mes soins sont superflus,
Du moins donne moy cette grace
De jouyr vn mois de ta place,
Ie ne t'importuneray plus.

Sur la mort de l'incomparable Alcandre qui fut tué au siege d'vne ville par sa propre mine.

EPIGRAME.

IAmais l'incomparable & valeureux Alcandre,
Ne seroit succombé sous les trais du mal-heur,
Si lors que le trespas s'arma pour l'entreprendre,
Il eust eu le dessein d'affronter sa valeur;
Ce Monstre des viuans par vn lasche artifice,
L'a conquis par le feu comme par l'eau Narcisse.
La mine du premier a terminé son sort :
L'autre pour qui la France est en vn dueil extréme
Tout couuert de lauriers sa mine tout de mesme
  Est cause de sa mort.

Responce au rondeau que Monsieur de Beausonnet a fait à la loüange de Maistre Adam.

RONDEAV.

LE Menuisier n'a rien de comparable,
A la chaleur de ta veine admirable,
Qui par des traits d'immortelle splendeur,
Comme vn Soleil fait briller sa candeur,

  Par tous les coings de la terre habitable,
Pour faire vn pied d'vn lict, ou d'vne table,
Il seroit plus que toy considerable
Mais pour les vers tu passes en grandeur.
      Le Menuisier.
Parlant de luy, parois plus veritable,
Car n'en deplaise à ta Muse adorable,
Tu passerois pour insigne flateur,
En esleuant ainsi ton seruiteur
Bref ton rondeau traite comme vne fable.
      Le Menuisier.

A Monseigneur le Duc d'Enguien.

Race de mille Rois, illustre sang de Mars,
Si dedans ton Printemps, l'ardeur de ton courage
Efface en l'Vniuers le lustre des Cesars,
Que ne feras-tu pas dans l'Esté de ton aage?

Ton bras fera bien-tost au mespris des hazards,
Reuerdir tes lauriers sur les riues du tage,
Où l'Espagne verra par d'humides regards
Partager ses tresors au frais de leur ombrage;

Mais, grand Prince, parmy tant de trauaux diuers
Qui ceindront de nos lys le front de l'Vniuers,
Si tu n'arreste vn peu le cours de ta victoire.

Tu blesseras ton Roy des traits de ton amour,
Car en luy gaignant, tout, tu luy rauis la gloire
D'employer sa valeur à t'imiter vn iour.

LES CHEVILLES DV

Maistre Adam estant malade receut vne lettre, d'vn Seigneur son amy qui le prie de faire des vers sur le sujet de son amour, il luy fit cette response.

MArquis, si ma douleur ne cesse ses efforts,
Ie t'escriray bien-tost du Royaume des morts;
Le violent accez d'vne barbare fiebure,
Qui pose à tous momens mon ame sur ma leure,
M'a si fort abbatu qu'à te bien discourir,
C'est la mort seulement qui me peut secourir
Ie porte dans mon corps vn montgibel de flame,
Qui reduit en brasier ce palais de mon ame,
Et quelque douce humeur qui vienne à l'arrouser
Esteint moins son ardeur qu'vn amoureux baiser
N'esteint ta passion, quand sur vn beau visage,
En moissonnant ce fruict tu brusles dauantage,
Enfin n'espere pas que parmy ces chaleurs,
La Muse ose pour moy faire naistre des fleurs;
Les roses du Parnasse ont peur de mon halaine,
Ainsi que du Soleil les beautez d'vne pleine,
Que l'Aurore a fait naistre, & qui dans son retour
Rencontre que la mort en a banny l'amour,
Sans cette cruauté qui bourrelle ma vie,
I'aurois fait vn pourtrait pour ta belle Liuie;

Où i'eusse fait passer les beautez de son teint
Au dessus des attraits dont nature se peint
Alors que le Printemps recherchant son Empire,
Luy fait par les oiseaux anoncer son martyre,
Mais, Marquis, s'en est fait ie n'ay plus rien de beau
Si i'escris plus en vers ce sera mon Tombeau,
Car de toutes les fleurs dont me reste l'vsage
Sont les lys que la mort a peints sur mon visage.

Dans la mesme maladie Maistre Adam fait responce à vn sien amy qui luy demanda vne heure de temps pour faire faire sa peinture,

EPIGRAME.

CHer Alcandre ie vois la mort comme vne harpie,
Porter dedans mon sein son appetit brutal,
C'est pourquoy hastes toy de prendre la copie,
Dont tu verras bien-tost perir l'original ;
Tandis qu'il reste encore empreint en mon visage,
Quelques traits languissans de mon premier vsage,
Preuiens la cruauté que me liure le sort,
N'attends pas que le mal ait changé ma figure
Du moins si tu ne veux faire par ma peinture
      Le pourtrait de la mort.

LES CHEVILLES DV

A Monsieur le Baron de Canillac à son depart pour aller dans l'armée d'Italie, lequel perdit vn œil au siege de Casal.

EPIGRAME.

Illustre rejetton de Mars,
Pour rendre ma boutique à iamais embellie,
Apporte moy de l'Italie,
Un tronc des vieux lauriers qu'ont planté les Cesars,
Ie te iure par les neuf filles,
Qu'au lieu d'en faire des Cheuilles,
I'en feray sur ta teste vn si digne appareil,
Que cette couronne enflamée
Du Dieu qui te ressemble en ce qu'il n'a qu'vn œil,
N'aura pas tant de renommée.

Maiſtre Adam allant voir vn de ſes amis qui eſtoit malade d'vne ſciatique luy fit ce rondeau.

RONDEAV.

POur te guerir de cette Sciatique,
   Qui te retient comme vn Paralitique,
Dedans ton lict ſans aucun mouuement
Prens moy deux brocs d'vn fin jus de ſermant;
Puis lis comment on le met en pratique.

   Prens en deux doigts, & bien chaud les applique,
Deſſus l'externe où la douleur te pique,
Et tu boiras le reſte promptement,
     Pour te guerir.
Sur cet aduis ne ſois point Heretique.
Car ie te fais vn ſerment autentique,
Que ſi tu crains ce doux medicament,
Ton Medecin pour ton ſoulagement,
   Fera l'eſſay de ce qu'il communique
     Pour te guerir.

Maistre Adam estant en compagnie où l'on beuuoit d'excellent vin qu'vne Dame auoit enuoyé, luy fit ce rondeau pour en auoir encore deux bouteilles.

RONDEAV.

DE *vostre vin nous rougissons nostre ame,*
Vous protestans que tous ards de sa flame,
Nous occirons tout chagrin & soucy,
Tant que bonté vous fera faire ainsi,
De chicheté n'encourez aucun blame.

Alcandre & moy criant à haute game,
A la santé de la moult bonne Dame
Le dos au jeu n'auons nulle mercy
   De vostre vin.
Mais vn mal-heur qui griefuement diffame,
Et contre qui vous portez le dictame,
Est que Baccus va deguerpir d'icy,
Nostre Phœbus deuiendra tout transy
Si n'enuoyez encore quelque dragme
   De vostre vin.

Elegie

ODE
A MONSEIGNEVR
LE CARDINAL DVC
DE
RICHELIEV.

MINISTRE de l'Estat, le plus grand de la terre,
Atlas dont nostre Empire est l'immobile faix,
Qui cultiues nos Lys dans vn hyuer de guerre,
Pour les éterniser dans vn printemps de paix;
Inuincible Heros dont la gloire infinie
A des Heros passez la memoire ternie,
Et d'vn puissant effort les Titans abatus;
Tutelaire Demon que la France a fait naistre,
Souffre encore vne fois que ma Muse champestre
Consacre ses chansons à tes rares vertus.

P

Mon ame s'en alloit tristement abatuë
Sous le pesant fardeau de cent soucis diuers,
Et la necessité qui la ronge & la tuë
L'éloignoit pour iamais de la source des vers :
Mais le bruit glorieux que fait ta renommée
De climat en climat superbement semée
M'empécha d'écouter ces lâches passions,
Et malgré la rigueur du destin qui m'outrage
Ie vis tes grands exploits faire dans mon courage
Ce que font sur les flots les nids des Alcions.

Quand i'ose contempler l'éclat de ton merite
Qui porte dans les cœurs, ou l'amour, ou l'effroy,
Qu'à ton zele sacré la terre est trop petite
Pour orner dignement la grandeur de ton Roy;
Que dans ton cabinet ce que tu deliberes
Détruit tous les conseils du Prince des Iberes,
Ie sens d'vn nouueau feu ralumer ma chaleur;
Et sans me consumer aux labeurs de l'étude,
Ie consulte en repos dans vne solitude
Vn Ange qui m'enseigne à chanter ta valeur.

MENVISIER DE NEVERS.

Mais cette sainte ardeur qui pour toy me transporte,
Dont mon cœur enflammé s'éleue iusqu'aux Cieux;
Et qui contre le cours d'vn homme de ma sorte
M'inspire en ta faueur le langage des Dieux :
Grand Prince n'est-ce pas l'vne de ces merueilles
Par qui le Ciel benit tes trauaux & tes veilles,
Et te rend admirable aux yeux de l'Vniuers ;
Et me peut-on qu'à tort disputer l'auantage,
D'estre l'vn des rayons des esprits de nostre âge,
Qui font de ta vertu le temple de leurs vers.

N'est-ce pas vn effet de l'essence supresme
De voir d'vn feu diuin mes esprits animez,
Que ressemblant vn champ cultiué de luy-mesme,
Ie produise des fruits que l'on n'a point semez :
Ainsi vit-on jadis vne troupe diuine
Porter par l'Vniuers nostre sainte doctrine,
Et rauir les mortels des merueilles de Dieu ;
Sans auoir de l'étude aucune experience,
Et pour en bien parler, que la mesme science,
Qui m'apprend à chanter les faits de Richelieu.

LES CHEVILLES DV

Ce n'est pas sur ce mont qui se perd dans les nuës,
Que pour peindre tes faix ie cherche des couleurs,
Le Parnace a pour moy des routes inconnuës,
I'en laisse à nos Esprits, & les fruits & les fleurs;
Sans grimper sur l'orgueil de ces grands precipices,
La Nature a pour moy des soings assez propices,
C'est elle seulement qui me vient animer,
Et sans faire le vain, i'auray bien l'asseurance,
De dire, qu'il n'est point de Menuisier en France
Qui sçache comme moy ce bel art de rimer.

Vn village voisin du beau fleuue de Loire,
Où le siecle de fer n'a pas encore esté.
D'où sans le bruit des eaux, & le bruit de ta gloire,
Le silence iamais ne seroit écarté;
Dans ce sejour plaisant, autant qu'il est sauuage,
Assis dessus les fleurs qui bordent le riuage,
Ie borne mes desirs au soin de te priser;
Sans que l'ambition me flatte d'esperance,
M'estimant trop heureux si i'ay la recompense
En t'immortalisant de m'immortaliser.

Bien que ie ne fois point parmy l'or & les marbres
De ces Palais fameux de richeffe éclatans,
Que ie ne voye icy que des eaux & des arbres,
Mes innocens defirs ne font pas moins contens:
Loin de l'ambition d'vne foule importune
Où fouuent l'on fe perd en gaignant la fortune,
Dans ces lieux reculez mon defir eft mon Roy;
Et quelque paffion qui flatte noftre vie,
Ie ferois auffi franc d'amour comme d'enuie
Si ie n'en auois point de difcourir de toy.

Mais lors que ta vertu me paroift fans exemple,
Quand i'y voy que ta vie eft maiftreffe du fort,
Que la pofterité te doit baftir vn Temple
Où tu triompheras du temps & de la mort:
Que le plus digne Roy qui foit deffus la terre
Tire de tes confeils cét orgueilleux tonnerre,
Qui porte en mille endroits la crainte & le trefpas,
Et que cefte fplendeur qui luit en fa Couronne
Emprunte tant d'éclat de ta feule perfonne,
Ie croirois eftre injufte en ne le difant pas.

Ie sçay qu'vn lâche esprit plein d'vne ardeur infame,
Qui de quelque Megere inplora le secours,
A voulu d'vn crayon aussi noir que son ame,
Ternir insolemment la gloire de tes iours :
Mais comme le Soleil montre vn plus beau visage
Quand il a dissipé les voiles du nuage,
De mesme ton merite en a paru plus beau ;
Et ce monstre d'horreur eut l'ame bien punie,
Car ton integrité vainquit sa calomnie,
Et luy fit en naissant rencontrer le tombeau.

Depuis que sous les loix du plus iuste Monarque
Qui iamais ait regi l'empire des vivans,
Tu tiens comme vn Nocher le timon de sa barque ;
As-tu iamais blesmy pour la crainte des vents :
Quels Syrtes vagabonds, quels escueils effroyables,
Par force ou par amour n'as-tu rendu ployables,
Et quels prodiges peut l'Histoire renommer
Qui puissent égaler ceste heureuse auanture,
Où le Ciel te permit ainsi qu'à la Nature,
D'éleuer des Rochers dans le sein de la Mer.

Ce iour qu'en ta faueur le Ciel fila de foye,
Neptune fit pour toy de si puiſſants efforts;
Qu'au temps qu'il bâtiſſoit les murailles de Troye,
Il trauailloit bien moins qu'il ne faiſoit alors:
Cependant ta fortune ardemment animée,
Alla voir des Anglois la sacrilege armée,
Et d'vn œil de courroux qui leur ſembloit parler
Leur predit les malheurs qui menaçoient leurs crimes,
Et conta leurs vaiſſeaux comme autant de victimes
Que ta sainte fureur luy deuoit immoler.

Ces murs de qui l'orgueil détrempa les matieres,
Dont la cime aujourd'huy baiſe les fondemens,
Ces Coloſſes changez en fameux cimetieres
Où ta gloire a baſty de si beaux monumens:
Ces affreux bouleuars, ces superbes machines,
Ces forts enseuelis sous leurs propres ruines;
La Rochelle en vn mot, qu'eſt-elle maintenant?
N'as-tu pas abatu sa pompe injurieuſe?
Et mis aux pieds du Roy l'audace imperieuſe
Du rebelle, Demon qui l'alloit ſoûtenant.

Mais tant d'autres exploits dont l'Histoire est ornée,
Tant d'effets merueilleux qui brillent en nos iours,
Et qui ne verront point leur gloire terminée
Qu'alors que la Nature aura finy son cours:
Tant d'ennemis courbez au joug de cét Empire,
Malgré tous les desseins que l'Austriche conspire
Pour assouuir la faim de son mourant orgueil;
Tous ces faits glorieux sont-ils pas à ta vie
Autant de Pelions pour ecraser l'enuie,
Et sauuer tes vertus de la nuict du cercueil.

Puisse-tu, Grand Heros, étendre nos conquestes,
Aux bords où le Soleil naist & va finissant;
Et que tous tes progrez soient autant de tempestes
Pour émousser l'orgueil des cornes du Croissant:
Que s'il faut que ton corps, comme Auguste succombe
Sous le faix éclattant d'vne pompeuse tombe,
Puisse-tu faire naistre vn Laurier glorieux,
Qui de tes faits diuins soit la marque eternelle,
Et pousse au monument vne tige immortelle
Qui porte ses rameaux iusques dedans les Cieux.

Maistre

MENVISIER DE NEVERS.

Maistre Adam ayant escrit de Neuers à Paris, à vn de ses meilleurs amis pour le prier de le faire payer de la pension que Monsieur le Cardinal de Richelieu luy donnoit, & ne receuant aucune response luy escriuit cette Epistre.

Daphnis ie suis fort estonné,
Pourquoy tu m'as abandonné,
Moy qui n'aspire qu'à la gloire,
De viure dedans ta memoire ;
Voicy pour la troisiesme fois,
Que de mes lettres tu reçois,
Et la troisiesme fois de mesme,
Que par vn mespris plus qu'extresme,
Tu ne m'as pas tant seulement
Accordé ce contentement,
De me mander si ma quitance,
Fourniroit assez d'eloquence,
Pour me faire rendre en ce lieu,
La pension de Richelieu ;
En verité cela m'irrite,
Et n'en desplaise à ton merite,
Cet oubly m'a si bien fasché,

Que ie t'accuse d'vn peché,
Et c'est en effet le commettre
Que de manquer & de promettre,
Car tu sçais qu'il m'estoit permis,
De me vanter de tes amis,
I'en prends à tesmoin veritable
Ce Comte aymable & redoutable,
A qui tu promis deuant moy,
Sur ta parole, & sur ta foy,
Qu'en ta faueur pour mon seruice,
Tu paroistrois tousiours propice;
Cependant ie reconnois bien,
Que ce que tu dis n'estoit rien
Qu'vn peu de flamme & de fumée
Esteinte aussi-tost qu'allumée,
Ou pour te le faire plus court
Beaucoup d'eau beniste de Cour ;
Tu ne trouueras point d'excuse
Contre ce blâme qui t'accuse
Peut-estre me respondras tu
Que ta plume a trop de vertu,
Que ton eloquence est trop belle
Pour vn raboteur descabelle;
Dés là ie te tiens au-collet
Puis que ie sçay que ton valet
N'a pas l'esprit si plein d'audace,

MENVISIER DE NEVERS.

Qu'il n'eſcriuit bien en ta place;
Il eſt encore aſſez à temps,
Et c'eſt tout ce que ie pretends,
Que de toucher cette Pecune
Qu'vn chacun nomme ma Fortune.
Et qui la ſeroit en effet,
Si ce Cardinal ſi parfait
Pour eſleuer mes deſtinées,
M'auançoit pour deux cent années;
Mais c'eſt ce qui ne ſera pas,
Car l'Aſtre qui conduit mes pas
A l'influence trop mauuaiſe
Pour eſtre l'appuy de mon aiſe,
Auſſi ie ne m'en faſche point,
Et ie m'arreſte ſur ce poinct,
Qu'il ne faut pas que ie pretende
L'effet d'vne choſe ſi grande;
Ie m'y trouue fort reſolu,
Parce que le ciel l'a voulu;
Quand il a fait vne Ordonnance,
Ny le Prince ny l'Eminence,
Qui ſont bien au deſſus de moy,
N'en ſçauroient euiter la loy;
Ils peuuent tout deſſus la terre,
Leur colere vaut vn tonnerre,
Mais certes quand il faut aller

D'où l'on ne sçauroit appeller :
Les Grands ont beau faire & beau dire,
Toutes les forces d'un Empire,
N'ont pas le pouuoir d'empescher
Le coup qui nous vient depescher :
C'est ce qui m'afflige & m'estonne,
Que cependant qu'une couronne,
Les fait appeller en ces lieux,
Les viues images des Dieux,
Ils font si peu de recompense
A ceux qui chantent leur puissance,
Sans qui leur esclat le plus beau,
Suiuant leur corps dans le Tombeau,
Ne laisseroit à la memoire
Aucune marque de leur gloire :
Que si le ciel m'eust ordonné,
Vn Empire quand ie fus né,
Ie n'aurois iamais esté chiche,
Parce qu'un Prince est tousiour sriche,
De quelque violent effort,
Dont les puisse agiter le sort ;
Ils n'ont iamais l'ame asseruie,
Que par la perte de la vie ;
Les Princes ne peuuent donner
Que ce qui doit leur retourner,
Ils sont Maistres de la Fortune.

MENVISIER DE NEVERS.

En donnant ils semblent Neptune,
Qui fait les fleuues de la mer,
Mais qui les reuoit abismer,
Apres quelque legere course
Dans leur inepuisable source.
Lors que leur liberalité
Ne trouue rien de limité,
Tous les cœurs leur sont des victimes,
Tous leurs desseins sont legitimes,
Et les plus fieres Nations,
Ayment leurs inclinations ;
Lors que leurs mains sont liberales,
Leurs Majestez sont plus Royales,
Chacun les regarde à genoux,
Ils ne se font point de jaloux ;
Bref pour mieux le faire comprendre,
Il faut tout donner pour tout prendre,
Mais certes il s'en trouue peu
Qui soient embrasez de ce feu ;
Aussi ce qui me reconforte,
C'est que si iamais à la porte,
Par laquelle il nous faut passer,
Quand nous venons de trespasser,
Ie rencontre par aduanture,
Vn de ces mignons de Nature,
Qui prennent tout sans donner rien,

Ma foy ie m'en moqueray bien;
Si iamais ie passe la barque,
Auec vn auare Monarque,
Tandis que le vieillard Caron,
Nous passera sur l'Acheron,
Ie luy feray bien reconnestre
Qu'il n'aura plus le nom de Maistre;
Ne pouuant alors m'abstenir,
Pour me vanger & le punir,
De luy remettre en la memoire,
La decadence de sa gloire.
Là sans crainte de la grandeur,
Et de la Royale splendeur;
Dont il cherissoit tant l'vsage,
Ie luy tiendray ce beau langage.
Prince miserable & confus,
Qui n'es plus de ce que tu fus,
Qu'vne triste & malheureuse ombre,
Qui vas multiplier vn nombre,
Où tel qui ne t'osoit parler,
Lors que tu faisois tout trembler,
Sous ton orgueilleuse puissance
Meprisera ta connoissance,
Toy qui iadis chez les mortels,
Prenois l'encens & les Autels,
Qu'on doit aux Deitez supresmes;

Et qui tout ceint de diadesmes,
Tenois vn pouuoir en tes mains,
Qui faisoit trembler les humains;
Dedans cette cheute fatale,
Qui dans ce bateau nous esgale,
Ne sens-tu pas que tu reçois,
La mort vne seconde fois,
Par le ressouuenir funeste,
D'en auoir tant laissé de reste,
Et n'auoir plus pour tout support,
Qu'vn denier pour passer le port;
Lors que tu goustois en la vie,
Ce qui rend vne ame assouuie,
Pourquoy ne considerois-tu,
Ces Ministres de la vertu,
Ces Escriuains de qui les plumes,
Te pouuoient dresser des Volumes
Où malgré le temps & son cours
Ta gloire auroit vécu tousiours;
Peut-estre auois-tu la pensée,
Que depuis que l'ame est passée,
Dedans l'empire du trespas,
La memoire ne la suit pas,
Et que dans ces ombreuses plaines
Qui font les plaisirs ou les peines,
L'esprit en ce fatal reuers

Ne songe plus à l'Vniuers.
Mais à propos de la memoire,
Il semble que ie vueille boire,
Dedans le noir fleuue d'Oubly,
Où ie suis presque enseuely;
Pensant escrire vne missiue,
Ie me rencontre sur la riue,
Où l'argent est vil & abjet,
Et c'est luy qui fait mon sujet;
Cher amy Daphnis ie te prie,
Pardonne à cette resuerie,
Retournons à ma pension,
Ie n'auois pas intention
D'entrer dedans cette matiere,
Mais comme dans vn Cimetiere,
Ie fais comme vn Prestre indigent
Qui songe aux morts pour de l'argēt,
Et qui par le gain qui l'enchante
Ne sçait ce qu'il dit quand il chante.
Pour retourner à mon discours,
Assiste moy de ton secours,
Encore vn coup ie t'en conjure,
Et si tu vois par aduenture,
L'illustre Abbé de Chastillon,
Saint Amant, Colletet, Sillon,
Beys, Gombaut, Rotrou, l'Estoille,

Et

MENVISIER DE NEVERS. 129

Et de Gournay la Damoiselle,
Scudery, Corneille, Scaron,
La Serre de chez Montauron,
Dalibray, Vaugelas, Voiture,
Et celuy qui fait la peinture
De la pucelle qui rendit
La France en son premier credit;
Bref toute la fameuse troupe,
Qui grimpe sur la saincte croupe,
Du Double mont imperieux,
Dont les cornes baisent les Cieux;
Fay moy cette faueur encore,
De dire que ie les adore,
Que sans leur vnique support,
Ie n'ancreray iamais au port,
Et que sans la rigueur maline
Dont la pauureté m'assassine,
Malgré les rigueurs de l'Hyuer,
I'irois à Paris vous trouuer,
Pour vous faire voir quelques rimes,
Ou si vous voulez quelques crimes,
Où mon esprit s'est aresté,
Par vn orgueil qui l'a porté
A discourir sur la naissance
De ce grand appuy de la France
De ce Dauphin qui nous promet,

R

De nous esleuer au sommet,
Où nous aurons la iouyssance,
D'vn heureux Siecle d'inocence,
Qui nous fera voir plus de fleurs,
Que nous n'auons versé de pleurs;
D'abort ie confesse ma faute,
Car pour vne chose si haute,
Ma Muse a trop peu d'appareil,
C'est à vous à voir ce Soleil,
Grands Aigles de l'Academie,
Qui sans tache & sans infamie,
Portez vos plumes & vos yeux,
Iusques dans les Thrônes des Dieux,
Ie sens bien que ie me prepare,
A l'infortune d'vn Icare ;
Mais qui n'aymeroit pas l'écueil
Ou ie rencontre mon cercueil
Si toute la Nature estime,
Le digne sujet de mon crime :
Si iamais vostre iugement,
Me fauorise d'vn moment,
Pour considerer cet ouurage,
Afin d'euiter le naufrage
Diuins & sublimes esprits
Souffrez que mes foibles escrits,
Soient parmy vos diuines choses,

MENVISIER DE NEVERS.

Des espines parmy des roses,
Et considerez en vn mot
Qu'en faisant marcher le rabot
Vn Menuisier dans son village,
Fut l'artisan de cet ouurage,
N'ayant iamais eu nulle part,
A l'excellence de vostre art ;
Sur tous Daphnis ie t'en supplie,
Et si tu ne veux que ie plie,
Sous l'affreuse necessité
Qui braue ma felicité,
Parois vn peu plus veritable,
Ou si tu veux plus charitable.
Adieu ie finis ce discours,
De qui le trop nuisible cours,
Est indigne de ta memoire ;
Je me contenteray de croire,
Que tu souffriras de bon cœur
Que ie signe ton seruiteur.

Adam.

Maistre Adam ayant esté six fois chez Madame la P. A. pour auoir l'honneur de la voir, & trouuant tousiours vn portier qui luy refusoit l'entrée luy escriuit ce Sonnet.

SONNET.

L'On ne vous voit non plus que si vous estiés morte,
Cependant vostre esclat ne fut iamais plus beau,
Que la nuict dureroit, si l'vnique flambeau
Aux yeux de l'Vniuers se cachoit de la sorte.

Cinq ou six fois le iour planté sur vostre porte,
Comme vn fantosme assis sur le bord d'vn tombeau,
Ie caresse vn faquin qui d'vn ton de corbeau,
Croit que tout doit ceder à l'orgueil qui l'emporte.

Le desir de vous voir m'est si cher & si doux,
Que mesmes ie flechis sous l'orgueilleux couroux,
Qui fait rider le front à cet homme de fange.

Ie pratique le ciel par ce honteux deuoir,
Afin de me vanger quand vous serez vn Ange,
Par l'eternel plaisir que i'auray de vous voir.

MENVISIER DE NEVERS.
A MONSEIGNEVR
MOLLE,
PREMIER PRESIDENT.
STANCES.

Grand flambeau de *Themis*, Prince de la Iustice,
Qui tient dessous tes pieds les crimes abbatus,
Et qui fais de ton cœur le Temple des Vertus,
La Gloire de nos Lys, & la terreur du vice,
Oracle descendu de la tige des Dieux,
Que la France possede à la honte des Cieux;
Que c'est bien iustement que nostre grand *Auguste*,
Fait fleurir dans tes mains la grandeur de ses Loix,
Et qu'il a bien accru son beau tiltre de *Iuste*,
Depuis qu'il fait parler son ame par ta voix.

 Ses Belliqueux Exploits ont estonné la Terre,
Le Dieu de la valeur sert de guide à ces pas,
Et couuert de Lauriers au mespris du trespas,
Son bras porte en tous lieux la Victoire & la Guerre.
Mais de quelques Grandeurs dont il soit reuestu,
Quelques grands Monumens qu'imprime sa vertu,
Dans le sein de l'Histoire, & sur le front des marbres,
Ie tiens que sous tes soins l'équité le conduit,
Et que ces faits sur toy semblent ces feconds arbres,
Qui cherchent du soustien quand ils ont trop de fruit.

R iij

A MADAME LA P. A.

SONNET.

Puis que vous le voulez i'ay commis vne offence,
Ie me rends pour vous plaire à tous mes ennemis,
Et me voila tout prest à faire penitence,
De l'horrible peché que ie n'ay pas commis.

Ie prie encor celuy qui souftient l'innocence,
   Deuant qui vos pareils sont moins que des fourmis,
   Qu'il retienne le frein de la iuste vengeance,
   Des maux que i'ay soufferts, quand vous l'aués permis.

I'ay fait si vous voulez d'vne ardeur incensée,
   Tout ce qu'vne ame ingrate allume en sa pensée;
   I'ay negligé l'honneur qu'on doit à vos appas.

Mais belle Amarillis, mon crime plus extresme,
   C'est d'auoir pris vos yeux pour les yeux de Dieu mesme,
   Qui lisent dans nos cœurs, & vous ny lisez pas.

Vn nommé Grand Champ ayant promis à Maiſtre Adam les OEuures de Monſieur du Vair, & ne les luy donnant point il luy fit cette Epigramme.

EPIGRAME.

TA promeſſe m'eſt inutile,
 Puis qu'elle ne produit aucun euenement,
Et tu n'és qu'vn grand Champ ſterile,
Qui ne donne du verd que difficilement.

A Monſieur de Monmor, qui venant conduire les garniſons en Niuernois, & eſtablir la Subſiſtence, ſouppant auecque Maiſtre Adam luy demanda l'Epigramme qui ſuit.

LA VILLE DE NEVERS PARLE.

PAR vn terrible changement,
 Qui m'a rauy mes premiers charmes,
Ie ne ſuis plus qu'vn lugement,
En proye à dix mille gendarmes;
Le harnois que i'ay ſur le dos,

Est fait de tailles & d'imposts,
Pourtant dans cette seruitude,
Qui met ma franchise au trespas,
Mon tourment me seroit moins rude
Si mon mor ne me blessoit pas.

Epigramme pour vne belle Dame que l'on dit qui se fardoit.

SA beauté n'a point d'artifice,
Voicy comme chacun le croit,
C'est qu'vn des chefs de la Iustice,
Sur ce poinct luy donne le droit;
Pour vanter vne ame si belle
Ie ne veux pas de Philomelle,
Emprunter le gasouillement ;
Ie n'aspire qu'à l'aduenture
D'estre geay deux iours seulement,
Pour bien parler de sa nature,

Epigramme pour vn Magicien à vn Ballet.

VRgande n'a iamais appproché mon sçauoir,
Ie prédis quand ie veux vne chose future;
Et quand vne beauté prepare vn desespoir,
Ma verge a le pouuoir d'amollir sa nature,

A Monsieur le Comte d'Arpajon, Adam luy demande sa pension.

Comte ie n'ay rien autre chose
A te dire pour compliment,
Sinon qu'Appollon se dispose
A te faire vn remerciement ;
La necessité de má Muse,
Rend mon ame toute confuse,
Et pour me tirer de soucy,
Tu n'as qu'à venir à l'offrende,
Car i'escris mieux vn grand mercy
Que ie ne fais vne demande.

Pour Monsieur le Baron de Langeron representant l'Europe, au Ballet de Madamoiselle.

Celle pour qui mon ame enflamme est conuertie,
Cet Astre des beautez, à qui tout doit ceder,
Auec les immortels a tant de sympathie,
Que ie ne montre icy qu'vne seule partie
Des biens que ses vertus ont droit de posseder
Que ie rencontrerois vne heureuse aduenture,
Et que mon cœur seroit amplement satisfait,

Si du moins ie pouuois luy donner en effet,
Ce qu'icy ie ne puis luy donner qu'en peinture.

Pour le mesme representant l'air au mesme Ballet.

SI parmy les douleurs l'vsage de parler,
Ne peut estre interdit aux libertez de l'ame,
Beaux Astres de la Cour sous vn habit de l'air,
Amour brusle mon cœur d'vne eternelle flame;
Toutefois ie me plaist si fort dans mon tourment,
Que sans ma passion aucun bien ne m'assiste,
Et ie me sers de l'air comme d'vn Element,
Par qui le feu subsiste.

Pour Monsieur le Comte de Brion, representant le feu au Ballet de Madamoiselle.

IE vis dans le plus pur de tous les Elemens,
Et tout resplendissant de flammes immortelles
Ie suis comme vn soleil aux plus dignes Amans,
Aussi vais-ie mourant pour l'vnique des belles,
Le feu de mon amour m'est si doux & si cher,

Son aymable fureur me donne tant d'enuie,
Que lors que le trepas par luy me vient toucher,
Imitant le Phœnix ie recouure la vie,
  Dans mon propre bucher.

Pour vn bouquet enuoyé à vne Dame par Maiſtre Adam, compoſé de trois roſes, & de trois ſoucis pour remerciment de quelques vers qu'elle auoit faits pour luy.

POur remerciment de tes vers,
 Doux objet de pleurs & de joye,
Pour peindre mes mal-heurs diuers,
Ce petit bouquet ie t'enuoye;
Il fait paroiſtre en deux couleurs
Et ton viſage & mes douleurs;
En ce rencontre de Nature,
Ses roſes y montrent ton teint,
Et ſes ſoucis ſont la peinture
Des cruautez dont tu m'as peint.

Maistre Adam enuoye son fils aux estrennes vers Madame la Princesse Anne, ayant chaussé des sabots, & ces vers à la main,

PRincesse ie suis fils. d'vn faiseur de rabots,
  Qui prend tous ses enfans pour des maistres ma-
rouffles
Car lors que ie me plains de porter des sabots,
Il dit que vous pouuez me donner des pantoufles.

Quand ie luy vais parlant d'vn sens sage & rassis
Il me dit mon enfant, tes miseres sont grandes,
Puis que n'ayant pas eu l'argent de nos chassis
Ie ne peux accorder ce que tu me demandes.

Princesse l'ornement de ce grand Vniuers,
Qui parmi les Diuins auez des simpaties
Donnez moi des souliers en faueur de ces vers,
Ou du moins ordonnez l'argent de nos parties.

Sur vne disgrace arriuée à Maistre Adam.

STANCES.

MVse quitte les soins diuers,
Qui pour moy te donnent des peines,
Mon sang est glacé dans mes veines,
Tout meurt pour moy dans l'Vniuers,
Le Soleil qui fait tout reuiure,
N'a rien qui m'oblige a le suiure,
Mon ame a perdu la raison;
Ie suis brute, Ie suis sauuage,
Depuis qu'Amarillis s'engage,
A me bannir de sa maison.

Belle Nymphe n'estime plus
Que ta vertu m'assujettisse,
Ie deteste comme iniustice,
Tous tes entretiens superflus,
Ie meurs d'ennuy, ie desespere;
Apres ce sanglant vitupere,
Ie ne trouue plus rien de beau,
Ie ris quand la mort me menasse
Et quittant les vers du Pernasse,
Ie cherche les vers du Tombeau.

A Monsieur de la Vigne Apotiquaire de Madame la Princesse Marie, pour remerciment d'auoir guery Maistre Adam d'vne grande maladie qu'il eut à Paris.

EPIGRAME.

N'Est-ce pas vn effet admirable & diuin
Que parmi les efforts d'vne douleur insigne,
I'aye euité la mort par le ius de la vigne,
Et n'auoir pas vsé d'vne goutte de vin;
Docte Pharmacien à qui i'en dois la gloire,
Qui me priuant du vin pour m'en faire mieux Boire,
As remis mes esprits en leur viuacité,
Maintenant que Baccus preside à mon enuie,
N'est-il pas bien raison de boire à ta santé,
Puis que par ton sçauoir i'ay recouuert la vie?

MENVISIER DE NEVERS.

Maiſtre Adam enuoyant querir du vin en vne compagnie de ſes amis, eſcriuit ces lignes.

STANCES.

AImables enfans de la treille,
Par le pouuoir que vous auez,
Enuoyez moi quelque bouteille,
Du meſme vin que vous beuuez ;
Nous ſommes cinq ou ſix à table,
Qui n'auons rien de delectable
Pour maintenir noſtre amitié,
Que l'excellence d'vn fromage.
Dont nous vous faiſons vn hommage
D'vn doigt plus que de la moitié.

Pour payer ce bien fait inſigne,
Que l'inſolence des frimas
Ne touche iamais à la vigne
Où le Seigneur en fait amas ;
Que le Ciel & la deſtinée
La puiſſent combler de vinée ;
Si vous nous faites vn refus
Puiſſe t'elle en changeant ſon eſtre,
Iamais ne plus rien faire naiſtre
Que cenelles & gratecus.

LES CHEVILLES DV

Les amours de Diane & d'Endymion en vn Rondeau.

Par le milieu d'vn bois superbe & glorieux,
De voir que sa fraischeur ne craint point l'œil des Cieux,
Endimion estant aux plaisirs de la chasse
Rencontra par bon-heur Diane toute lasse,
Qui couroit comme luy les bestes de ces lieux.

Abordant cet objet qui captiue les Dieux,
Il luy dit en baisant son beau sein & ses yeux,
Souffrez que mon ardeur eschauffe vostre glace,
   Par le milieu;
Amour qui de nature est fort imperieux,
Ialoux de leurs plaisirs deuint si furieux
Qu'il fit que le respect à la fureur fit place,
Que ce cruel Amant son Amante terrasse,
Luy poussant dans le corps vn trait delicieux
   Par le milieu.

Remer-

Remerciment à Madame la Princesse Marie d'vn estuy qu'elle achepta à Maistre Adam à la foire saint Germain.

EPIGRAME.

INcomparable & grand appuy,
De ma fortune & de ma gloire,
Vostre Altesse ne sçauroit croire
Comme ie cheris cet estuy,
Que i'eus de vos mains à la foire;
Mais ie doublerois la memoire
Des bien-faits de vostre bonté,
Si i'auois vn hanap pour boire
A vostre adorable santé.

A vn Poëte qui cenſuroit les vers de
Maiſtre Adam.

EPIGRAME.

MArouffle que l'on fit eſquiuer du Parnaſſe,
De meſme que des Cieux on fit ſortir Vulcan,
Apprens que ta fureur m'a ſeruy de bonace,
Et que tes vers ont mis ton honneur à l'encan;
Tes Eſcrits ont rendu ta ſottiſe connuë:
Ie paſſe pour Soleil, & tu paſſe pour nuë:
Tes ſentimens n'ont pas l'ordre de la raiſon.
Pour te payer pourtant de tes ſoins inutiles,
Ie t'offre de bon cœur ſix vers & trois cheuilles,
Pour faire vn Epitaphe & baſtir ta maiſon.

Remerciment d'vn habit donné par Monsieur le Comte d'Arpajon à Maistre Adam.

RONDEAV.

Estant vestu de nouuelle façon,
I'ay delaissé ces habits de maçon,
Qui me faisoient par tout rougir de honte;
Muse il en faut remercier ce Comte,
En verité c'est vn noble garçon.

Inspire moy quelque belle chanson,
Du plus subtil qui soit dans ta leçon,
Pour lui montrer que i'ay trouué mon côte.
   Estant vestu.
I'estois plus nu que le sauuage Orson,
Quand Valentin l'alla prendre à rançon,
Et cet Hyuer qui toutes choses dompte,
Malgré ses dents voit que ie le surmonte,
Ne craignant plus tremblement ny frisson.
   Estant vestu.

Maistre Adam est prié d'vne personne de condition de faire des vers pour Monsieur le Cardinal apres sa mort, responce sur le chant.

EPIGRAME.

Damon que veux-tu que ie fasse,
Tout mon Printemps s'en va passé,
Et i'incague Muse & Parnasse,
Depuis qu'Armand est trepassé.
Si quelque pitié te conuie,
De ne point trauerser la vie
D'vn esprit debile & perclus ;
Il faut que tu me considere
Plutost pour ce que i'ay sceu faire,
Que pour ce que ie seray plus.

Pour vn pourtrait offert à vne Dame.

EPIGRAME.

IE vous fais offre d'vn pourtrait,
Où l'art iusques au dernier trait,
Vous montre mon triste visage;
Que i'aurois vn parfait bon-heur,
Si i'estois peint dans vostre cœur,
Comme ie suis dans cet ouurage.

A vne belle Dame, sur la mort de son pere.

IE n'ay pas entrepris de flatter vos douleurs,
Vn funeste trépas m'oppose l'impossible,
Ce monstre des viuans, ce fantosme inuincible,
D'vn iniuste Tombeau tire vos iustes pleurs.
Vos beaux yeux, où l'amour admire sa puissance,
Se voilent iustement d'vn lugubre bandeau,
Et la nature doit en cette violence,
De leurs sources de feux faire des sources d'eau.

LES CHEVILLES DV

Le songe de Siluie qu'Amour la blesse.
RONDEAV.

AH! ie me meurs dans ce rauissement,
Parlons des yeux, laissons le compliment,
Si vous aymez les plaisirs de Siluie,
Ne craignez pas à luy rauir la vie,
Ma guerison vaut moins que mon tourment,
Que vostre dard me blesse doucement,
Qu'en me blessant il est doux & charmant,
Et qu'il est bien digne de mon enuie,
   Ha ie me meurs.
Poussez plus fort que du commencement
Vostre fureur fait mon soulagement,
A cet effort mon ame vous conuie,
Ah s'en est fait! vous me l'auez rauie,
Le dernier coup m'oste le mouuement.
   Ah ie me meurs.

MENVISIER DE NEVERS.

Vn Gascon pric Maistre Adam de luy faire vn
Rondeau contre vn riual.

Ovy cap de bioux proche de ses apas,
Par la corbioux ie ne souffriray pas,
Qu'autre que moy possede cette belle,
Faut l'adorer sans estre amoureux d'elle,
La harnanbioux l'on y perdroit ses pas;

Car ma valeur qui dedans les Combats,
A renuersé mille ennemis à bas,
Auroit bien-tost mis fin à la querelle.
   Ouy cap de bioux;
C'est à moy seul à prendre ce repas,
Son corps est fait pour plaire à mes esbas,
Digne morbioux si quelqu'vn se reuelle,
Contre l'amour dont son œil me bourrelle,
Qu'il se prepare à souffrir le trepas;
   Ouy cap de bioux

LES CHEVILLES DV

A vn meschant Escriuain, à qui Maistre Adam fait responſe ſur vn Epigrame qu'il luy auoit eſcrit.

IAmais par tes eſcrits tu n'auras de riuaux,
Car ſi les Eſcriuains tant deuots que prophanes,
Te vouloient imiter, ſans doute que les aſnes,
Paſſeroient auiourd'huy le nombre des cheuaux.

Monſieur de l'Or Prieur d'Infiny, & Chanoine de la grande Egliſe Catedrale de Neuers, ayant enuoyé de ſon vin à Maiſtre Adam, il luy fit ce remerciement.

DE l'Or ce qu'on dit dans les Cieux,
De la douceur de l'Ambroſie,
Ne touche point ma fantaiſie,
Comme ton vin delicieux;
Il a de ſi charmans appas,
Que proche de luy le treſpas
Ne peut rien deſſus ma memoire;
Et ſans doute Baccus te fit
Seigneur du Prince d'Infinit,
A deſſein de m'en faire boire.

MENVISIER DE NEVERS.

Que puisse-tu iusqu'à cent ans,
Posseder vn tresor si rare
Que iamais la rigueur du temps,
Ne t'en fasse montrer auare;
Qu'à ce iour de la saint Martin,
M'en puisse-tu faire vn festin,
Ou deuant tes amis insignes,
Ie puisse prouuer dans mes vers
Que ton vin, & ton nom sont dignes
De captiuer tout l'Uniuers.

⁂

A Monsieur Courrade Medecin ordinaire du Roy, & de Madame la Princesse Marie sur son Liure de l'Hydre Feminine combatue par la Nimphe Pougoise, pour la fontaine de Pougue.

CHers fauoris de la memoire,
Adorables faiseurs de vers,
Qui faites passer vostre gloire,
Iusqu'au delà de l'Uniuers;
Doctes & rauissans Genies,
Qui par vos douces harmonies,
Enseignez la langue des Dieux,
Et qui montrez dans vos Volumes,
Que vous faites boire à vos plumes,
Ce qu'on peut boire dans les Cieux.

V

Quittez vn peu cette hypocreine,
Où vous puisez tant de douceurs,
Pour adorer cette fontaine,
Qui vaut bien celle des neuf sœurs;
Que si cette source estimée,
Fait durer vostre renommée,
Par la douceur de vos accords,
Celle-cy n'est pas moins aimable,
Puis qu'elle a le pouuoir semblable,
Dessus la nature des corps.

Vne Nayade toute nuë,
Qui sort de ce seiour natal,
Comme vn Soleil qui fend la nuë,
Perce ce mobile cristal,
Et paroissant iusqu'aux espaules,
Sous vne coiffure de saules
De iongs, de peupliers, de roseaux;
Montre vn visage qui merite,
Le mesme pouuoir qu'Amphitrite
A sur le Monarque des eaux.

C'est cette Nymphe sans seconde,
Qui vous oblige à discourir,
Dessus ce liure que le monde,
Ne sçauroit iamais voir perir;
Que si la puissance homicide,
Du grand & redoutable Alcide,

MENVISIER DE NEVERS.

Braua l'enuie & le mal-heur;
Vous verrez par experience,
Qu'on trouue icy dans la science,
Ce qu'il trouua dans sa valeur.

Maistre Adam disnant chez Monsieur le Cheualier de Maugiron auecque l'illustre & Inuincible Baron de Canillac & d'autres, il fit cette chanson le verre à la main.

CHANSON.

Mis en depit des Impots
Viuons sous l'empire des pots,
Et disons tous d'vn air diuin,
Nargue des ennemis du vin ;
MAVGIRON i'en bois à ta santé,
Benissant ta bonté
Qui nous traitte si bien,
Sans qu'il nous couste rien,
Qui ne fera raison
Puisse-t'il deuenir Oyson.

LES CHEVILLES DV

BARON ie trinque de grand cœur,
A ta santé cette liqueur,
C'est par ces plaisirs innocens,
Que la paix regne dans nos sens ;
Si le coup fauorable & fatal
Qui te vint à Casal
Enleuer vn lambeau
De ton rouge Museau,
Eust semblé celuy-cy,
Ton nez ne fust pas racourcy.

 Suiue qui voudra les hazars,
Qui sont dans les plaines de Mars ;
I'ay moins de reputation
Que nostre Hercule GASSION,
Mais pourtant s'il estoit destiné,
Quand ie suis enuiné
A troubler les Apas
Que ie trouue au repas,
D'vn ROT tant seulement.
Ie le mettrois au Monument.

Responſe ſur le champ de Monſieur de Maugiron à la Chanſon de Maiſtre Adam.

CHANSON.

Grand eſprit, genereux rimeur
Dont le ſiecle adore l'humeur,
Que ie ſuis heureux de te voir
Dedans ce Bachique deuoir ;
PERE ADAM, l'en bois à ta ſanté,
De ce vin de Coindrieux, dont tu as tant vanté
L'excellente bonté
Pour mieux te l'exprimer
Voila QVINET pour l'imprimer.

Vn certain Comte preſſant Maiſtre Adam à luy faire les vers d'vn Ballet, & ne luy donnant point d'argent pour auoir de l'ancre luy fit ce quatrain.

SI ie parois peu diligent,
Aux vers où ton Ballet t'engage
C'eſt qu'ayant Bû mon hoſte enrage
De voir vn conte ſans Argent.

Vn certain fou amoureux prie Maistre Adam de luy faire ce Sonnet sur la passion qu'il auoit pour vne Maistresse.

SONNET.

Enfin ie connois bien, trop ingrate Siluie,
Que ton ame est de glace, & ton cœur de rocher,
Et que la passion dont mon ame est suiuie,
  Ne te sçauroit toucher.
Soit que le iour se leue, ou qu'il s'aille coucher,
De tes diuins regards mon ame est poursuiuie,
Ie meurs, ie desespere, & ne sçais ou chercher,
  Le repos de ma vie.
Mon supplice est vn mal, à nul autre pareil;
Ie ne trouue en mes sens ny raison ny conseil,
  Pour ce mal-heur estrange,
O Cieux à quelle fin m'auez vous condamné,
De me faire souffrir au seruice d'vn Ange
  Le tourment d'vn damné.

A Clorinde sur l'inconstance de son Amant.

SONNET.

Beaux yeux de qui i'ay peint la candeur & les charmes,
Astres dans qui le Ciel montre vn œuure parfait,
Viuans pourtraits des Dieux, pouuez vous bien sans larmes
Voir le nuisible affront qu'vn perfide vous fait.

Amour qui sous vos trais n'a que de foibles armes,
Par cette ingratitude auroit esté deffait,
N'estoit l'espoir qu'il a que dans vn champ d'alarmes,
La mort le vangera d'vn si barbare effet.

Pour expier l'horreur d'vne telle aduanture,
Ie commence de voir le Ciel & la nature,
Preparer leur Iustice à vanger vos douleurs.

Le Soleil seulement faisant sa course ronde,
Auec iuste raison peut rire de vos pleurs,
Car lors que vous pleurez il est vnique au monde.

Sonnet à vn Riual.

Ovy ie l'ay resolu, ie te quitte ma place;
Ta nouuelle prison cause ma liberté,
Ie saute d'vn Hyuer, dans vn beau iour d'Esté,
Et ie suis de rocher ainsi qu'elle est de glace.

Connoissant de Philis l'ingrate dureté,
Ie deuiens orgueilleux pour punir son audace,
Et bien que sa beauté toutes choses surpasse
Ie veux par vn dépit surmonter sa beauté.

C'est ainsi qu' Alcidor au mespris de sa flame,
Cedoit à son Riual son infidelle Dame,
Pensant en ce rencontre adoucir son tourment.

Il iura sur l'Autel de quitter cette belle,
Mais il fut si surpris en prenant congé d'elle,
Qu'il faussa son serment.

Elegie

ELEGIE
POVR G.A.C.O.B.I.A.L.

EN fin graces aux Cieux, ces flâmes sont esteintes,
Qui m'ont fait tant jeter de larmes & de plaintes,
Ie n'idolatre plus en adorant ces lieux
Qu'Amour me fit nommer mes Soleils & mes Dieux,
Leur esclat ne m'est plus qu'vne lumiere sombre,
Angelique en vn mot ne me semble qu'vne ombre,
Vn fantosme trompeur, dont le magique sort
Ma fait nommer Amour, l'image de la mort.
Ce n'est pas qu'elle n'ait encore assez de charmes,
Pour rendre vn malheureux tributaire à ses armes:
Mais par trop de rigueurs mes sentimens remis,
Ne trouuent qu'vn enfer, où fut leur paradis:
Vn regret seulement me suit & me bourrelle,
D'auoir passé dix iours à soûpirer pour elle,
Sans que iamais l'ingrate ait permis seulement,
La moindre priuauté que merite vn moment.

LES CHEVILLES DV

L'insolente rigueur qui gouuerne son ame,
A mis à si bas pris la grandeur de ma flamme,
Qu'au mespris de mes feux son courage inhumain
M'a refusé l'honneur de luy baiser la main.
Ie ne preuoyois pas que cette ame cruelle,
Donne beaucoup d'amour, & n'en prend point pour [elle,
Qu'elle est vn vif portrait de l'infidelité,
Qui n'a rien de parfait qu'vne extreme beauté,
Vn astre malheureux à qui les destinées,
Donnoient à gouuerner mes plus belles années.
Mais grace à ma raison, ie suis desabusé,
Et ie vas esloignant ce visage rusé,
De mesme qu'vn escueil où l'amoureux orage,
A fallu faire esprouuer vn tragique naufrage.
Souuerains qui reglez le destin des mortels,
Dieux à qui nous deuons seulement des Autels,
Que i'ay desobligé vos puissances supresmes,
Que mes aueuglemens ont paru bien extresmes,
Quand de peur d'irriter son perfide courroux,
Ie luy donnois des vœux qui n'estoient deubs qu'à vous.
Helas! pour me punir de cette ingratitude,
Vous ne sçauriez choisir de chastiment plus rude,
Que le ressouuenir qui sans cesse me suit,
D'auoir semé le grain dont vn autre a le fruit.
Dans ce ressentiment qui vous vange & m'outrage,
Ie ressemble au nocher, qui sauué du naufrage,

MENVISIER DE NEVERS.

Aſsis deſſus le port tous les ſens eſperdus,
Voyant tous ſes trauaux & tous ſes biens perdus:
Apres auoir maudit l'empire de Neptune,
En des lieux plus heureux va chercher ſa fortune.
Ainſi ie fais ſerment par la clarté du iour,
Que ie n'auray iamais de deſſeins pour l'Amour:
Qu'vn homme eſt malheureux de qui l'ame ſoûpire,
Deſſous le rude faix d'vn ſi barbare empire,
Puis que le ſeul tourment qu'on ne peut exprimer,
Eſt celuy qui nous vient de la douleur d'aimer.
Cependant quand ce mal preſidoit à mon ame,
I'auois tant d'amitié pour l'ardeur de ma flamme,
Que l'on m'euſt pluſtoſt fait paſſer dans les Enfers,
Que de me preparer à delaiſſer mes fers.
Que de mauuaiſes nuits ont gouuerné mon ame,
Que ſans l'eau de mes pleurs i'aurois ſenty de flamme,
Et que ſans le meſpris qui m'eſt venu ſaiſir,
I'aurois gouſté long-temps ce perfide plaiſir.
Vengeances, deſeſpoirs, ſoucis, inquietudes,
Flammes, ſoûpirs, ſermens, larmes, ingratitudes,
Miniſtres de l'Amour, vos ſoins ſont ſuperflus,
Et vous perdrez vos pas ſi vous reuenez plus.
Et toy fiere beauté qui m'as tant fait de peine,
Apprens que tu n'es plus qu'vn objet à ma haine,
Et que ſi ie vis plus, c'eſt à deſſein de voir
Succomber ſous le temps ton orgueilleux pouuoir.

C'est tout ce que l'espoir prepare à ma vengeance,
Donnant à mes langueurs cette foible allegeance,
De voir un iour ton œil qui me sembloit si beau,
N'auoir non plus d'éclat qu'un funebre flambeau,
Que deuant un cercueil un miserable porte,
Pour honorer la fin d'une puissance morte.
C'est lors que si ie puis encore discourir
Des maux dont tu m'as tant fait viure & tant mourir,
Opposant à tes yeux pour punir ton audace,
Ton portrait d'apresent, & l'aspect d'une glace.
Ie suis bien asseuré qu'en ces extremitez,
Voyant tant de laideurs apres tant de beautez,
Tu te repentiras d'auoir esté cruelle
Aux iustes sentimens d'une amitié fidelle,
Et par ces changemens ton corps tout affligé,
Mourra de déplaisir, & ie seray vangé.

MENVISIER DE NEVERS.

SONNET.

A Minte, ma raison a perdu son visage,
Icare audacieux, i'espere que demain,
Amour me permettra de baiser ton visage,
Aussi bien que ta main.

Encore que ton œil ait causé mon dommage,
Ie lis dans sa douceur vn presage certain,
Qu'à l'exemple d'vn Dieu dont on baise l'image,
Tu loüeras mon dessein.

Mais helas! ie voy bien, inhumaine adorable,
Que c'est par vn adieu que ce bien desirable,
Doit accroistre l'ardeur qui vient m'inquieter.

Qui vit iamais tourment esgal à mon martyre,
Que pour joüir du bien où mon amour aspire,
I! te faille quitter.

SONNET.

EN fin ie suis contraint de ceder à tes charmes,
Amour par tes apas s'est rendu mon vainqueur,
Et tu peux bien iuger par le cours de mes larmes,
Que tes yeux ont fondu la glace de mon cœur.

Mille soupirs bruslans témoins de ma langueur,
Sont les traits que ce Dieu m'a laissé pour mes armes:
Mais si comme en beauté tu triomphe en rigueur,
La mort malgré l'Amour finira mes allarmes.

Cruelle, sois sensible à ma iuste amitié,
Adoucis ta rigueur d'un trait de ta pitié,
Amour estant vn bien le plus doux de la vie,

Ne le disperse pas si prodigalement,
Que de le tout donner sans qu'il te prenne enuie,
De t'en seruir vn peu pour mon soulagement.

SONNET SVR VNE ABSENCE,
Pour Monsieur le Comte de A. P.

Beaux yeux, viuans pourtraits de la Diuinité,
Trosnes estincellans de l'amoureux empire,
Quel bien est comparable à ma felicité,
Depuis que sous vos loix ma liberté soûpire.

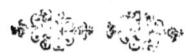

Inuincibles auteurs de ma captiuité,
C'est vous qui respandez le iour que ie respire;
Et l'Astre dont la terre emprunte la clarté,
Quand vous estes fermez ne luit que pour me nuire.

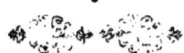

Loin de vous à la Cour il contemple des yeux,
Qu'on appelle à bon droit des Astres & des Dieux,
Pour n'auoir point en eux de qualitez mortelles.

Mais, ô diuins flambeaux dont l'esclat me conduit,
Vous pouuez dessus eux, tant vos clartez sont belles,
Ce que peut le Soleil sur les feux de la nuit.

LES CHEVILLES DV

SVR LA MORT DE LOVIS XIII.

SONNET.

Grand Roy, tu ne vis plus, & ton bras redoutable
Qui s'alloit acquerir l'Empire des viuans,
Plus fresle qu'vn roseau combatu par les vents,
A perdu pour iamais le tiltre d'indomptable.

Que ce malheur sanglant me semble espouuentable,
Que l'aueugle fortune a des traits deceuans,
Et que le monde est peu lors que ses poursuiuans,
Rencontrent de la mort l'écueil inéuitable.

Apres auoir paru la merueille des Roys,
Esleué iusqu'au Ciel ses Lauriers & ses Lois,
Et basty des Autels sur le front de l'Enuie,

Qui ne s'estonnera d'vn si tragique sort,
Et qui des demy-Dieux peut s'asseurer la vie,
Voyant ce fils de Mars abbatu par la mort.

MAISTRE

MENVISIER DE NEVERS.

MAISTRE ADAM ESTANT A Saint Denys, aspergeant d'eau beniste le cercueil du Roy Louys le Iuste, escriuit ces vers.

STANCES.

QVAND le Prince eut rendu l'ame,
Et qu'vn malheur sans pareil,
Sous la froideur d'vne lame,
Eut éteint ce grand Soleil;
Pour plaindre cette aduanture,
Dont les loys de la Nature
Ont estonné l'Vniuers,
L'ame toute desolée
Sur son pompeux Mausolée,
Alcandre escriuit ces vers.

LES CHEVILLES DV

Grand Heros de qui la gloire,
Est vn miracle à nos yeux,
Si ma Muse aux bords de Loire,
T'a mis au nombre des Dieux ;
Faut-il qu'elle se demente,
Et que la main triomphante
Dont tu regissois le sort,
Pour nous rendre veritables,
N'ait eu des forces capables
De triompher de la mort ?

Ces memorables prodiges
Que tu faisois pour les lis,
Et dont iamais les vestiges
Ne seront enseuelis,
Ne montroient-ils pas des marques,
Qui nous disoient que les Parques
Ne se pourroient t'acquerir,
Et ne deuions-nous pas croire,
Que ton corps comme ta gloire,
Ne deuoit iamais perir.

MENVISIER DE NEVERS.

Qui n'euſt crû voyant ta vie,
La merueille de nos iours,
Obliger meſme l'Enuie,
D'en idolatrer le cours?
Qui n'euſt dit la voyant telle,
Pompeuſe, eſclatante & belle,
Enceinte de mille Autels,
Qu'elle ne deuoit rien craindre,
Et qu'elle pouuoit atteindre
La gloire des immortels?

Cependant ton grand courage,
Ny tous ces faits eſclatans,
N'ont pû deſtourner l'orage
Qui fait tout ceder au Temps;
Vn froid cercueil enueloppe,
Ton front deuant qui l'Europe
Vid courber mille Citez,
Et dans cette grotte ſombre,
Ton corps eſt moindre que l'ombre
Qui marchoit à ſes côtez.

Aprenez grands de la terre,
Par cét imprueux trespas,
Que voſtre pompe eſt vn verre,
Dont l'eſclat ne dure pas.
Vos grandeurs les plus diuines,
Sont des parterres d'eſpines,
Qui produiſent peu de fleurs;
Et cette mort me conuie,
A croire que voſtre vie,
Fait moins de ris que de pleurs.

C'eſt ainſi qu'on vit Alcandre,
De triſteſſe confondu,
Souſpirer deſſus la cendre,
Du Maiſtre qu'il a perdu:
Quand vne voix luy vint dire,
Pour ſoulager ſon martyre,
Eſtanche l'eau de tes yeux,
Celuy qui fait ta ſouffrance,
Eut moins d'eſclat dans la France,
Qu'il n'en a dedans les Cieux.

APRES LA MORT DE MONSIEVR le Cardinal, Maiſtre Adam fit ce Sonnet Proſopopée.

SONNET.

I'Ay planté des lauriers qui ſeront touſiours verts;
Mes exploits ont plus fait de bruit que le tonnerre,
Et mes diuins Conſeils ont briſé comme verre,
Les orgueilleux deſſeins de cent peuples diuers.

La France par mes ſoins voit les ſentiers ouuerts,
Où Ceſar fit paſſer la Victoire & la Guerre,
Et brauant le Demon d'Eſpagne & d'Angleterre,
I'ay porté mon renom plus loin que l'Vniuers.

Plein de iours & d'honneurs i'ay terminé ma vie,
Malgré les factions de la plus noire enuie,
Ie brille dans l'Hiſtoire en deſpit du treſpas.

Et pour monter Loüis au Troſne d'Alexandre,
Imitant le Phenix, i'ay laiſſé de ma cendre,
Vn ſecond Cardinal pour eſclairer ces pas.

MONSIEVR DE LANGERON ESTANT desesperé des Medecins, à cause d'vne maladie du poumon, M. Adam qui l'aimoit à l'esgal de soy-mesme, pressé d'vne douleur extresme par la perte d'vn si bon amy, les larmes aux yeux fit ce Sonnet.

SONNET.

Apres auoir cent fois d'vn genereux effort,
Attaché sur ton front l'honneur d'vne victoire;
Cher Comte, faudra-t'il que la rigueur du sort,
Ne nous fasse plus voir ta valeur qu'en l'Histoire.

Dans l'Auril de tes ans faudra-t'il que la Gloire,
Regrete en te perdant, son plus fameux support,
Et tant de grands exploits donnez à la Memoire,
Ne flechiront-ils point les rigueurs de la mort.

Non, ie voy par ton mal qu'il faut que tu succombes,
Dans le pasle sejour où s'esleuent les tombes;
Mais iamais le trespas ne seroit ton vainqueur,

Et les plus grands Heros te porteroient enuie,
Si le Ciel eust pris soing en te donnant la vie,
De faire ton poulmon, aussi bon que ton cœur.

MENVISIER DE NEVERS.

MAISTRE ADAM ESCRIT CETTE Epistre à Monsieur des Noyers, Secretaire de Madame la Princesse Marie, où il le prie de luy mander les predictions de sa natiuité, selon l'horoscope qu'il luy a plû en vouloir faire.

EPISTRE.

Je t'escris d'un climat funeste,
Où tout le bon heur qui me reste,
Est l'agreable souuenir,
Qui de toy vient m'entretenir,
Au milieu d'un peuple barbare,
Chez qui l'ame la moins auare
Piperoit dessus ce damné,
Qui par les Dieux fut condamné,
A souffrir dans l'eau de l'Auerne,
Ce qu'endure en vne tauerne
Le poumon d'un pauure indigent,
Qui meurt de soif faute d'argent.
Ne voyant Phebus ny la Muse
Dans ce climat où il m'amuse,

Ie ne puis sçauoir de mon sort,
Si ie suis ou viuant ou mort.
Quand ie repasse en ma memoire,
Qu'elle fut autrefois la gloire,
Dont mon ame s'entretenoit,
Lors qu' Apollon la maintenoit ;
Que loin de la fameuse audace,
Qui m'esleuoit sur le Parnasse,
Ie n'enfante plus rien de beau,
Ie m'imagine estre au tombeau.
Mais aussi quand mon ame espere,
Que pour bannir ce vitupere,
Qui dedans ces perfides lieux,
Dérobe Hippocrene à mes yeux,
Il faut chercher vne aduanture,
Qui soit plus douce à ma nature,
Que celle qui me fait icy
Paslir de crainte & de soucy,
Que i'ay ma liberté premiere,
Pour recouurir cette lumiere,
Qui remet vn cœur abatu
Dans le chemin de la vertu ;
Qu'vn seiour plus doux à la vie,
Peut rendre mon ame rauie ;
Que ton cabinet m'est ouuert,
Pour me mettre encore à couuert,

Et

MENVISIER DE NEVERS.

Et que le doux jus de Septembre,
Peut estre pour moy dans ta chambre,
Ce qu'il m'estoit auparauant,
Ie m'imagine estre viuant.
Ainsi ie balance & ie flotte,
Entre deux vents comme vn Pilote,
Qui dans l'orage & loin du bort,
Attend le naufrage ou le port.
Toy qui depuis peu sçais l'vsage,
Du bon & du mauuais visage,
De la Planette dont le cours,
Fait la conduite de mes iours.
Mande moy si mon horoscope
Veut que ie suiue la varlope;
Si ie dois tousiours raboter,
Si ces filles que Iupiter
Tira du cerueau de Minerue,
Ne veulent plus que ie les serue.
En ce rencontre tu verras,
Que ce que tu me prescriras,
Sans me réjoüir ny me plaindre,
Ne se verra iamais enfraindre,
Estant Philosophe à ce point,
Que mon ame ne s'émeut point,
De ce que le Ciel nous enuoye,
Pour la tristesse ou pour la joye.

Quand ie ne feray plus de vers,
Ie ne veux pas en ce reuers,
Tefmoigner vn point de rancune,
Contre le Ciel ny la Fortune ;
Sont des enfans infortunez,
Qui dés le moment qu'ils sont nez,
Sentent leur vertu pourfuiuie,
De l'ignorance & de l'enuie,
Et par vn mouuement fatal,
Traifnent leur pere à l'hofpital ;
C'est vne engeance vagabonde,
Qui fait du bien à peu de monde ;
Si bien que dans cét accident,
Ie me feray riche en perdant,
N'eftimant la Verue autre chofe,
Que le gay bouton d'vne rofe,
Qui dans l'ame s'efpanoüit,
Puis peu à peu s'évanoüit,
En laiffant vn pauure Poëte,
Auecque fa langue muette,
Qui de la vieilleffe vaincu,
De rofe deuient grateau ;
Si toft qu'vne vieilleffe infame
Choque la demeure de l'ame
De quelque grand raifonnement,
Dont ait ag y l'entendement.

MENVISIER DE NEVERS.

Dans ce malheur qui nous trauaille,
Nature n'a plus rien qui vaille,
Pour faire renaistre le fruit,
Que l'âge & le temps ont destruit;
Le sang ne bout plus dans nos veines,
Et nos esperances sont vaines,
Dans ce necessaire malheur,
De pretendre plus de chaleur:
Le corps deuient froid comme marbre,
L'émail d'un pré, le verd d'un arbre,
Ont cét aduantage sur nous,
Que le plus perfide courroux
Qu'vne aspre froidure desserre
Contre les beautez de la terre,
Ne peut empescher leur retour,
Quand le Printemps est en amour.
Mais depuis que l'âge nous touche,
Que d'arbrisseau l'on deuient souche,
Le tronc viuant n'est bon alors,
Qu'à croistre le nombre des morts,
L'esprit abandonne la place,
De cette demeure de glace,
Comme vn Capitaine assailly,
Quitte quand le viure a failly.
De moy qui suis presque à la veille,
D'oüir la Parque à mon oreille,

LES CHEVILLES DV

M'ordonner de chercher ailleurs,
Des destins plus durs ou meilleurs,
Que ceux dont ie suy la puissance,
Dés le moment de ma naissance ;
Dans ce necessaire accident,
Qui presage nostre occident,
L'on ne verra sans nulle crainte,
Sans jetter ny larme ny plainte,
Payer librement sans esmoy,
Ce qu'un Prince doit comme moy.
Que s'il me faut encore viure,
Sous l'ennuy que l'âge nous liure,
Que les biens & les dons des grands,
Pour moy ne soient plus apparants,
Il me restera l'aduantage,
De prendre mon premier vsage,
Et sans que ie m'aille flattant,
Gaigner du pain en rabotant,
Loing de Phebus & des neuf filles,
Quittant les vers pour les cheuilles,
Et le laurier pour le noyer :
L'on me verra sans m'ennuyer,
Suiuant ma premiere pratique,
Assidu dedans ma boutique,
Trouuer vn reuenu parfait,
Au gain d'vn coffre ou d'vn buffet.

MENVISIER DE NEVERS.

Il ne faut pas que l'on espere,
Que pour cela ie desespere,
C'est alors que ie feray voir,
Que ie peux viure du sçauoir,
De faire vne maison funebre;
Et que tel qui se croit celebre,
Autant qu'vn Senateur Romain:
Peut-estre dés le lendemain,
Allant boire de l'onde noire,
Du bras dont i'auray peint sa gloire,
Receura ce funeste accueil,
D'en estre mis dans le cercueil.
Ie voy sans crainte & sans enuie,
Les biens & les maux de la vie,
Moyennant que la liberté
Suiue tousiours ma pauureté ;
Que cette faueur importune,
Qu'vn lasche appelle la fortune,
Ne vienne point mal à propos,
Troubler ma vie & mon repos;
Attendant le coup de la Parque,
Ie ne connois point de Monarque,
A qui ie voulusse changer,
(A moins que de bien m'affliger,)
Au grand esclat de sa couronne,
Ce que la liberté nous donne.

Les biens me sont indifferens,
Imitant nos premiers parens,
Ie laisse faire à l'aduanture,
Et mon destin & la Nature;
Sans suivre les grands ny le Roy,
I'auray tousiours assez dequoy
Pour empescher que ie ne tombe,
Ailleurs que dessus vne tombe;
Les Dieux ne sont pas inhumains,
L'homme estant l'œuure de leurs mains,
Pourueu qu'il sçache reconnestre
La puissance qui la fait naistre,
Il est plus heureux mille fois,
Que ces grands Ministres des Lois,
Qui pensans tenir enchaisnées,
La Fortune & les Destinées,
Captifs d'vn perissable bien,
Pour trop prendre ne prennent rien,
Que le regret qui les afflige,
Lors que la Parque les oblige,
De quitter les mondains appas,
Que le pauure ne gouste pas.
L'Astre qui luit par tout le monde,
Dans son alleure vagabonde,
Respand ses rayons dessus moy,
Aussi bien que dessus vn Roy;

MENVISIER DE NEVERS.

Tous ces beaux presens que l'Aurore,
Tire des riuages du More,
Qu'elle distille par ses pleurs,
Dessus la naissance des fleurs,
Tombent aussi bien sur la prée
Où la Bergere se recrée,
Que dans ces jardins orgueilleux,
Où l'Art par des soins merueilleux,
Tasche d'imiter en ses veilles,
La Nature dans ses merueilles.
Le Ciel espanche également,
Et donne prodigalement
Ce qu'il faut pour la nourriture,
Et l'entretien de la nature :
C'est ce qui me fait mespriser
Le sot desir de courtiser,
Estimant la Cour tout de mesme,
Que le Soleil en son extresme,
Que ie n'ose voir fixement
De crainte d'vn aueuglement.
Toy qui mesprisant cette regle,
As de tout temps les yeux d'vn Aigle,
Pour voir vn Astre sans pareil,
Qui sçait surmonter le Soleil,
De mesme que dans vn lieu sombre,
Le Soleil sçait surmonter l'ombre;

LES CHEVILLES DV

Qui joüis des felicitez,
De voir la Reyne des Beautez,
Luire en vne pompe ordonnée,
Par l'ordre de la Destinée,
Qui n'a de borne & n'en aura,
Que ce que le temps durera :
Toy qui proche d'vne Deesse,
Qui sous le nom d'vne Princesse
Enchaisne icy bas sous ses lois,
La liberté des plus grands Rois,
Souffre que sans estre prophane,
Ie presente a cette Diane,
Auecque de pudiques feux,
Tout ce que mon ame a de vœux :
C'est l'vnique objet que i'adore ;
Que si quelque desir encore
Me sollicite d'vn retour,
Dans le tumulte de la Cour,
Ce ne sera point cette pompe,
Par qui la Fortune nous trompe,
Ny cet esclat voluptueux,
De cent Courtisans somptueux,
De qui la grandeur est suiuie,
Qui m'en feroit naistre l'enuie;
Ce sera seulement l'honneur,
De joüir du parfait bonheur

Dont

MENVISIER DE NEVERS.

Dont vne ame trouue l'vsage,
Aux traits diuins de son visage,
Que l'on doit nommer en tous lieux
La viuante image des Dieux;
C'est l'vnique bien où i'aspire;
Vn Prince recherche vn Empire,
Vn auare met ses efforts
A mettre tresors sur tresors;
Le Pilote en faueur de l'onde,
Fait recherche d'vn nouueau monde;
Vn Heros plein d'ambition,
Pour assouuir sa passion,
Demande par toute la terre,
Le sang, le carnage, la guerre;
De moy, qui me peut rauir,
C'est le bon-heur de la seruir;
Depuis l'heure que la Fortune
Nous fit esprouuer sa rancune,
Quand par son depart rigoureux,
Ce climat deuint malheureux:
Quoy que ie viue en Philosophe,
Ma constance manque d'estoffe,
Pour pouuoir viure & ne voir pas
Ses incomparables appas,
Encore que sa renommée
De climat en climat semée,

A a

Rende les Sceptres abatus,
Par la force de ses vertus ;
Qu'elle soit peinte & reconnuë,
Plus haut & plus bas que la nuë ;
Qu'elle aille d'vn vol sans pareil,
Et sans offencer le Soleil,
Que cette bruyante peinture,
Esclate aux yeux de la Nature,
D'vn aspect pompeux & plus beau,
Que le brillant de son flambeau ;
Tous ces miracles dont la Gloire,
Charge le front de la Memoire,
Ne me touchent point à l'esgal
De leur Diuin original.
Toy qui de cent choses futures,
Peux raconter les aduantures,
Et d'vn prophetique sçauoir,
Que l'estude te fait auoir,
Lis iusques dans le front des Astres,
Nostre bonheur & nos desastres,
Ne sçaurois-tu m'entretenir
Du temps qu'elle doit reuenir.
O que ce iour filé de soye
Comblera mon ame de ioye ;
Qu'en dépit de tant de malheurs,
De ris succederont aux pleurs ;

Et que ces puissances diuines,
Ioindront de fleurs à nos espines;
De quelques traits dont le malheur,
Ait tousiours aigry ma douleur,
Quelque rigoureuse tempeste
Qu'il puisse venir sur ma teste,
Ie ne croy pas que ce beau iour,
Remply d'allegresse & d'amour,
Il ait assez de violence
Pour troubler ma réjoüissance;
Et si dans ma natiuité
Tu cherches bien la verité,
Tu trouueras que si la perte
Que cette Prouince a soufferte,
Pour l'absence de ses apas,
Ne m'a pas donné le trespas,
Qu'à son retour ie dois bien craindre,
Que n'estant pas mort pour me plaindre,
Ie ne meure par le plaisir,
Qui mon ame viendra saisir.

LES CHEVILLES DV

SI TOST QVE NOSTRE
ROY LOVIS XIIII.
FVT NE',
MAISTRE ADAM FIT CES VERS.

STANCES.

Ncomparable effet des soins de la Nature,
Monarque couronné de feux & de rayons,
Grand ornement des Cieux, brillante crea-
  ture,
Qui peins de tes regards tout ce que nous voyons,
Enfant prodigieux de la masse premiere,
Principe des Saisons, pere de la Lumiere,
Astre dont la naissance anima l'Vniuers,
Sage Dispensateur des fruits de la Memoire,
Grand Soleil, si iamais tu fis rien pour ma gloire,
Ie t'inuoque à cette heure en faueur de mes vers.

MENVISIER DE NEVERS.

※※

 Le sujet que ie prens est d'vn si haut merite,
Que ie n'en puis assez admirer la splendeur,
Et tout ce qu'en ton cours ta flamme refuscite,
Doit seruir quelque iour de prix à ta grandeur;
Ce Dauphin dont le Ciel comble nostre esperance,
Qui couste tant d'Autels & de vœux à la France,
Est de mes passions l'objet imperieux,
Prodigue moy les fruits que ta nature enserre,
Et ne t'offence pas si ie luy donne en terre,
La mesme dignité que tu tiens dans les Cieux.

※※

 Grand effet de nos vœux, Prince de qui l'enfance
Porte déja l'effroy parmy les Nations,
Surjon de Saint Loüis, dont l'heureuse naissance
Estouffe pour iamais l'hydre des factions;
Si dedans le berceau ton auguste visage,
Tesmoigne à nos desirs vn asseuré presage,
Que bien-tost nos malheurs seront enseuelis;
Que ne verra-t'on pas dans le temps qui te reste,
Lors que ton pere assis dans vn trosne Celeste,
Tu te verras assis dans le trosne des Lys.

Dans cét éuenement, où la Fortune espere,
D'enchaisner sous tes pieds l'Enuie & le Malheur,
Que cent peuples diuers subiuguez par ton pere,
Preuiendront à genoux l'effet de ta valeur.
Si quelque passion doit fournir un orage,
Qui touche de ton cœur l'inuincible courage,
Ce doit estre une ardeur de vaincre & d'acquerir;
Mais que trouueras tu pour plaire à ton enuie,
Si le plus grand des Roys en te donnant la vie,
T'a donné tous les biens que tu peux conquerir.

Son bras victorieux sur l'onde & sur la terre,
Imprime tellement la grandeur de ses faits,
Que par toy l'on dira que ce Dieu de la guerre,
Par un prodige heureux fut le Dieu de la paix.
Ainsi le Dieu des flots pour laisser à l'Histoire,
Les monumens qui font les Autels de sa Gloire,
Esleua iusqu'aux Cieux l'empire de la mer;
La Nature en blesmit, & contre sa coustume,
De cette violence il engendra l'escume,
D'où nasquit le Demon qui nous force d'aimer.

MENVISIER DE NEVERS.

C'est par toy que la Paix doit retourner encore,
Enfermer nos ennuis de dans le Monument.
En naissant, grand Soleil, tu preuiens cette Aurore,
Aussi tu nous parus Miraculeusement;
Ca Temps où les frayeurs ne donnoient point de craintes,
Où l'amour seulement faisoit naistre nos plaintes,
Va reprendre pour toy ses Diuines couleurs,
Et de tes deuanciers possedant les Conquestes
De mesme que ton pere a foulé les tempestes,
L'on te verra marcher sur la face des fleurs.

Ce Monstre qui de sang peint sa gloire & son estre,
Qui n'assouuit sa faim que de meurtres espais,
Et qui dés le moment que l'Enfer l'eut fait naistre,
Esleua la discorde au dessus de la Pais.
Cette Guerre en vn mot, qui pour punir nos Crimes,
Immole à sa fureur de si grandes victimes,
Va cesser desormais son parricide effort;
Tu seras l'Alcyon qui vaincras ces orages,
Ee qui feras roüiller ce fer dont les outrages
Font perir la Nature, & triompher la Mort.

Ce Siecle où le Printemps faisoit toute l'Année,
Où les contentemens surpassoient les desirs,
Où de l'ambition la tempeste effrenée,
Ne venoit point troubler le calme des plaisirs ;
Ce beau Temps où Nature enfanta toutes choses,
Où les plus simples fleurs valloient mieux que nos roses,
Va reprendre pour toy son adorable cours ;
Ainsi que ta naissance estouffe nos desastres,
De mesme tu seras la merueille des Astres,
Sous qui doit refleurir ce miracle des iours.

Ces Tytans dont l'espoir n'est plus qu'vne chimere,
Qui regarde nos faits auec vn œil jaloux,
Ce rigoureux climat, qui sans l'œil de ta mere,
N'auroit iamais rien fait d'aimable ny de doux,
Ces peuples qui n'ont rien de si grand qu'vne audace,
Dont iamais les effets n'ont suiuy la menace ;
Grand Soleil, ton abort les rendit tous confus,
Ton esclat a deffait leurs passions auares,
Et tous leurs vains projets furent autant d'Icares,
Que l'on vit submerger aussi tost que tu fus.

Mais

MENVISIER DE NEVERS.

Mais, ô divins transports, celestes resueries,
Brulantes passions qui m'enchantez les sens,
Que le respect icy retienne vos furies,
Puis que c'est d'eux que vient l'objet de nostre encens,
Honnorons du passé leurs grandeurs souueraines,
Quant le Ciel fit chez eux ce miracle des Reines,
Par qui Mars & l'Hymen viennent nous secourir.
Ils sont assez punis que leur Demon soûpire,
De voir qu'imprudemment il orna nostre Empire,
D'vn Ange qui nous sauue, & qui les fait perir.

LES CHEVILLES DV

MAISTRE ADAM ESTANT A RVEL,
MONSEIGNEVR LE CARDINAL
DE RICHELIEV
LVY COMMANDA DE FAIRE DES VERS
POVR MONSEIGNEVR
LE CARDINAL MAZARIN,
Sur ce qu'il estoit Entremetteur de la Paix.

ODE.

MARCHE, Grand Mazarin, où l'Europe t'appelle,
Romps le cours violent de cêt meurtres épais,
Estoufant nos malheurs rends ta gloire immortelle,
Par le fameux retour d'vne eternelle Paix ;
Ioins par les soins heureux de ta saincte prudence,
Le paisible Oliuier aux Lauriers de la France,
Enseuelis Bellonne en sa propre fureur,
Et fais resusciter cét Ange, dont la perte
Faisant de l'Vniuers vn theatre d'horreur,
Rend la mort triomphante, & la terre deserte.

MENVISIER DE NEVERS.

Rends nous cette saison, où le Demon des armes
N'auoit point desgorgé le venin des malheurs,
Où les yeux des viuans ne voyoient point de larmes,
Que celles que l'Aurore espanchoit sur les fleurs ;
Que le sanglant desir de regir les Prouinces,
Laissoit en liberté les courages des Princes,
Esteins l'ambition dans l'ame des vainqueurs,
Arrache leur ce fer qui fait naistre nos craintes,
Et qu'Amour seulement triomphant de nos cœurs,
Soit l'inuincible autheur du sujet de nos plaintes.

Le Ciel lassé de voir les tragiques desastres,
Dont il punit le cours de nos iniquitez,
Fera qu'à ton abord tes yeux seront des Astres,
Qui prediront la fin de nos calamitez ;
Ces triples Gerions, ces antiques Barbares,
Ces Titans, que l'orgueil a changez en Icares,
Pour faire vn Sacrifice à la gloire des Lys,
N'attendent plus que toy pour calmer les Orages,
Qui vont rendre bien tost leurs Throsnes demollis,
Si la Paix n'adoucit l'aigreur de nos courages.

LES CHEVILLES DV

Il n'est pas de besoin d'enseigner à ton ame,
Les insolens projets de cét ambitieux,
Ton esprit esclairé d'vne diuine flâme,
A trauers du Soleil penetre dans les Cieux;
Dans les throsnes brillans des Majestez Diuines,
Tu discernes nos fleurs d'auecques leurs espines;
Et par vn iugement qui n'a point de pareil,
Tu lis dans les decrets d'vne chose future,
Et descouures nos faits bien mieux que le Soleil
Ne descouure au matin le sein de la Nature.

Pour marque des vertus qui couronnent ta vie,
N'as-tu pas empesché les tragiques efforts
Dont s'alloient assouuir la Discorde & l'Enuie,
Pour faire enfler le Pô d'vn Deluge de Morts:
Si d'vn simple CHAPEAV tu calmas la Tempeste,
Qui sur tant de Heros se montroit toute preste,
Pour inonder de sang l'empire du trepas,
Inuincible ennemy des projets de Bellonne,
Pour vne entiere paix que ne feras-tu pas
De l'Eminent Chapeau que l'Eglise te donne?

MENVISIER DE NEVERS.

Le Monarque des Lys en qui le fort d'Auguste,
De toutes les Vertus fait un second Fanal,
Merite doublement le grand titre de Iuste,
D'auoir ioint ton merite au nom de Cardinal,
Et dans quelques douceurs où ton pays se noye,
Depuis l'exil fameux du vagabond de Troye.
Quelques felicitez dont il goûte le fruit,
La raison par tes faits nous oblige de dire,
Que le prodige heureux qui chez luy ta produit,
A passé les Cæsars au bien de son Empire.

Ces Illustres Heros que l'Histoire renomme,
Par les sanglans effets de la flâme & du fer,
Dans le Char Belliqueux qui les rendoit a Rome,
N'ont pas mieux triomphé que tu vas triompher;
Et ce Demon sorty du centre de la Terre,
Que l'Enfer a nommé le monstre de la Guerre,
Au lustre des Cæsars n'a point donné d'orgueil,
De qui tous les viuans ne perdent la memoire,
Aussi tost que ton bras ayant fait son cercueil,
Aura remis la Paix au Throsne de sa Gloire.

Armand, de qui les faits sont de sacrez Miracles,
Qui brilleront aux yeux de la posterité,
Qui pour l'appuy des Lys n'a point trouué d'obstacles,
Qu'il n'ait mis au dessous de leur prosperité ;
Parmy les grands trauaux où son ame s'adonne,
Pour agrandir l'esclat d'vne Illustre Couronne,
Entre tous les exploits qui le font adorer,
Il n'a iamais si bien flatté nostre esperance,
Que lors que sa raison te fit considerer,
Pour prendre auecque luy l'interest de la France.

Ce Prince, l'ornement des Princes de l'Eglise,
Cét Ange reuestu du nom de Richelieu,
Ce vigilant Nestor, qui pour nostre franchise
A fait tous les effets que pourroit faire vn Dieu,
Voyant que ses conseils sous vn autre Alexandre,
Ont mis l'Aigle au dessous du vol qu'il vouloit prendre,
Pour acheuer le cours de ses intentions,
Se sert de ton Esprit apres mille Conquestes,
Comme le Dieu des flots ce sert des Alcions
Quand il veut arrester la course des Tempestes.

MENVISIER DE NEVERS.

Cét Atlas nompareil, ce merueilleux Genie,
Ne doit moins esperer pour ses faits glorieux,
Que d'estre enuironné d'vne gloire infinie,
En Beuuant le Nectar à la table des Dieux;
C'est lors que l'on verra l'Olimpe se resoudre,
A mettre entre ses mains tous les traits de la foudre,
Et que les immortels le prenant pour apuy,
Trouueront sous son bras leur puissance asseurée,
Et seront redoutez bien mieux que sous celuy
Qui defit en tremblant l'orgueilleux Briarée.

Quelles noires frayeurs! quelles fieres Tempestes
Ont iamais esbranlé ces constantes Vertus!
Et quels Hydres affreux ont assez eu de testes,
Que la sienne aussi tost ne les ait abbatus;
Ces nouueaux rejettons des enfans de la Terre,
Ces peuples basannez de l'esclat du Tonnerre,
Qui dessus leurs ayeulx se vint precipiter,
Ne sont-ils pas reduits à flechir leur audace,
Et dire en rugissant, qu'vn coup de Iupiter
Est moins à redouter qu'vn trait de sa menace.

Aussi le plus puissant de tous les Roys du Monde,
S'appuyant sur les soins de sa Fidelité,
S'est plus fait redouter sur la terre & sur l'onde,
Qu'aucun de tous les Roys que la terre ait porté;
Maintenant que couuert de Lauriers & de Palmes,
Nos foibles ennemis cherchent des routes calmes,
Accablez sous l'effort de ses faits inoüis.
Acheue MAZARIN, d'vser de ta Prudence,
Et leur donnant la Paix, apprens-leur que LOVIS
Est moindre en sa Fureur, qu'il n'est en sa Clemence.

Cherches donc grand esprit cette Diuine Fée,
C'est de tes grands trauaux que nous la requerons;
Et quand tu la verras, chante luy le Trophée,
Et les Diuins Concerts que nous luy preparons,
Destache-là des fers qui la tiennent captiue,
Oste luy le Cyprez, & luy rendant l'Oliue,
Dis luy que Mars n'a plus le nom de Triomphant,
Et qu'en la Chrestienté tout le monde l'espere,
Auecque autant d'amour qu'en auroit vn enfant,
Qui verroit du tombeau resusciter son pere.

Il me

MENVISIER DE NEVERS.

Il me semble de voir cette Nimphe adorable,
Ayant à ses costez la Iustice & l'Amour,
Retourner dans vn char bien plus considerable,
Que celuy qui conduit la lumiere du iour.
Mais de quelques beautez dont elle soit pourueuë,
Quelque Diuinité qui paroisse en sa veuë,
Au doux rauissement qui vient m'entretenir,
Entre mille pensers mon ame se promene,
Pour sçauoir qui des deux premier ie doy benir,
Cette Reyne des cœurs, ou toy qui nous l'amene.

Tous les peuples rauis de voir cette Deesse,
Perdant le souuenir de leurs ennuis passez,
Ne feront qu'vn tombeau de l'infame tristesse,
Qui sous le joug de Mars les auoit terrassez;
Le passant que la nuit arreste en vn bocage,
Qui n'a point de clarté pour luire en son passage,
Que celle que les loups eslancent de leurs yeux,
N'est pas mieux satisfait quand l'Aurore s'esueille,
Que nous serons alors que la faueur des Cieux
Te fera conducteur d'vne telle merueille.

LES CHEVILLES DV

Les Laboureurs pressez de cent peines seruiles,
Qui leur font habiter les bois & les buissons,
Ne verront plus de joug dans leurs champs infertiles,
Que celuy dont les Bœufs produisent les moissons;
Que si des maux passez ils cherchent la vengeance,
Ne leur serace-pas vne extreme allegeance,
En suite des malheurs qui les ont affligez,
De trouuer soubs le soc des fosses toutes pleines,
Où mille & mille corps qui les ont outragez,
Seruiront de fumier pour engraisser leurs plaines.

Moy qui de tous les biens où tout le monde aspire,
N'ay iamais recherché pour plaire à ma raison,
Qu'vn RABOT que i'estime à l'esgal d'vn Empire,
Puis qu'il est dans mes mains vn Sceptre à ma maison;
Si tost que le recit de tes sainctes Merueilles,
Viendra charmer mes sens, & rauir mes oreilles,
Quelques necessitez dont i'espreuue les Loys;
Pour montrer mon amour à la cause publique,
De mesme que mon cœur i'embraseray mon Bois,
Et ne feray qu'vn feu de toute ma Boutique.

MENVISIER DE NEVERS.

Laissant pour quelque temps la Scie & la Varlope,
Pour immortaliser la gloire de tes iours,
I'yray sur le Parnasse employer Caliope
A te cueillir des fleurs qui dureront tousiours;
Sur ce Mont glorieux où peu de monde habite,
Où malgré le trespas la Gloire resuscite,
Ie feray ta peinture en mille & mille lieux,
Et feray voir aux yeux du grãd Siecle où nous sommes,
Que ie sçay bien parler le langage des Dieux,
Quand il faut discourir de la vertu des Hommes.

Là d'vn pinceau parlant de la haute aduanture,
Dont ton ame aura mis nos malheurs à l'écart,
Ie te prodigueray tout ce que la Nature
M'inspire pour atteindre aux miracles de l'Art;
Et tous ces grands Esprits dont ie ne suis que l'ombre,
Qui sçauent penetrer dans la nuit la plus sombre,
Dont les Cieux ont rendu leurs mysteres couuerts,
Ces doctes Heritiers du Tresor des neuf Filles,
Te loüeront doublement d'auoir tiré des vers,
D'vn homme qui iamais ne fit que des Cheuilles.

LES CHEVILLES DV

En ce rencontre heureux ie feray reconneſtre
Malgré l'intention de ton humilité,
Que pour le genre humain ta naiſſance eſt vn eſtre
Qui nous montre vn rayon de la Diuinité;
Et dans ce grand bonheur où le Ciel me conuie,
Ie ne demande rien aux grandeurs de ta vie,
Pour me recompenſer des biens que ie predis,
Sinon que ſous ſes pieds ie faſſe deux colomnes,
Au ſainct Trône où l'on tient les Clefs du Paradis,
En deſpit de l'erreur de tant d'ames felonnes.

Marche donc grād Eſprit puis que le Ciel l'ordonne,
Acheue ton ouurage, & d'vn Zele obſtiné,
Fais que la Chreſtienté ne ſoit qu'vne couronne,
Pour reprendre l'Empire où Mahomet eſt né;
Ioins par les ſoins heureux de ta ſaincte prudence,
Le paiſible Oluuier aux Lauriers de la France;
Enſeuelis Bellonne en ſa propre fureur,
Et fais reſuſciter cét Ange dont la perte,
Faiſant de l'Vniuers vn theatre d'horreur,
Rend la mort triomphante & la terre deſerte.

MENVISIER DE NEVERS.

VERS QVE MAISTRE ADAM AVOIT COMMENCEZ POVR MONSIEVR LE CARDINAL DE RICHELIEV,
DEVX IOVRS AVPARAVANT SA MORT,
Sur la maladie de son bras.

STANCES.

Grand Heros, quand ton bras l'apuy de nôtre Empire,
Succomba sous l'effort d'vn barbare accident,
Crainte que le succez d'vn si fatal martyre,
Ne fist pancher l'Estat dedans son Occident,
Les yeux baignez de pleurs, & l'ame ensevelie,
Des plus sombres vapeurs de la melancolie,
Plein de zele & d'ardeur à chercher ton secours,
Ie grimpay sur ce Mont où s'étale la gloire,
Et d'abord que ie vis les filles de Memoire,
  Ie leur tins ce discours.

Reines de mes desirs, incomparables Fées,
Qui mesprisant du temps le cours precipité,
Par des pinceaux parlans, erigez des Trophées
Qui n'ont point d'autre but que l'immortalité,
Germaines de ce Dieu qui puise dedans l'onde,
Le vagabond flambeau qui r'anime le Monde,
Quelle insensible humeur peut retenir vos pleurs,
Pouuez-vous sans regret, ô Princesses Diuines,
Voir vostre Protecteur au milieu des espines,
  Et vous parmy des fleurs.

Ce bras dont la vertu n'a point trouué d'exemples,
Et qui parmy les soins de cent trauaux diuers,
S'est tousiours détaché pour vous dresser des Temples,
Qui ne periront point qu'auecque l'Vniuers ;
Ce bras le seul effroy des Tirans de la Terre,
Qui va tirer la Paix des cachots de la Guerre,
Remettant la Nature en ses premiers appas,
Osez-vous sans rougir de vostre ingratitude,
Connestre ses langueurs & mon inquietude,
  Et ne l'assister pas.

A SON ALTESSE
ROYALE,
ESTANT AVX EAVX DE BOVRBON L'ARCHAMBAVT.
ELEGIE.

PRINCE dont le Merite égale la Naiſ-
ſance,
Race de mille Roys, grand & grand Fils
de France,
Oſeray-je ſans crime, Illuſtre Sang des Dieux,
Croire que la douleur t'ait reduit en ces lieux,
Et que parmy ces eaux tu cherches ton dictame;
Toy de qui les Ayeulx par la foudre & la flamme,
Ont fait tonner leur gloire en mille lieux diuers,
Et porté leur renom plus loing que l'Vniuers;
Quelle injuſte rigueur oſe bien te contraindre
A trouuer ſous ſes loix l'vſage de te plaindre;

Et pour quelle raison produit-elle vn effet,
Que de donner du mal à qui n'en n'a point fait.
Depuis le iour fameux que la Masse premiere,
Enfanta du Soleil la courante Lumiere,
Que Nature establit son Empire & sa Loy,
Quel Monarque icy bas a mieux vescu que toy ?
L'Astre qui contribuë aux grandeurs de la vie,
Enchaisnant sous tes pieds la Discorde & l'Enuie,
Par tes actes humains t'a plus gaigné de cœurs,
Que n'a fait la valeur à ces sanglans Vainqueurs,
Qui sur l'ambition où leur gloire se fonde,
Pour gaigner l'Vniuers détruisent tout le monde ;
Iamais tes sentimens n'ont choqué la raison,
Tes liberalitez sont sans comparaison ;
Et le Ciel où tu prens ces qualitez Diuines,
A fait de tes vertus, des roses sans espines,
Où les Roys seulement qui les pourront cueillir,
Trouueront le secret de ne iamais vieillir :
Car le temps qui détruit & mine toutes choses,
Qui fait differemment tant de Metamorphoses,
Ne te rendra iamais les Autels abbatus,
Dessus qui les mortels adorent tes vertus ;
Ton Pere, dont la gloire à nulle autre seconde,
Fit bruire sa valeur sur la terre & sur l'onde,
Et qui dans le Palais de l'immortel sejour,
S'enyure du Nectar que tu boiras vn iour,

Parmy

MENVISIER DE NEVERS.

Parmy les Deïtez dont il accroist le nombre,
Où dessus le Soleil ses pas Impriment l'ombre,
Où ses contentemens surpassent ses desirs,
Que peut-il voir de grand parmy tous ces plaisirs,
A l'esgal des faueurs dont le Destin l'oblige
Par deux Fils esleuez de sa Royale tige,
Qui recouurant en eux ses projets commencez,
Marchent dessus les pas que sa gloire a tracez.
Car de quelque valeur dont on vante Alexandre,
Quelques grands Monumens qu'on esleue à sa cendre,
Qu'a-t'il fait de si grand, que ton Frere aujourd'huy,
N'ait merité l'honneur d'estre plus grand que luy:
Tous ces fameux Heros que le Tybre renomme,
Qui de tout l'Vniuers ne firent qu'vne Rome,
Entre tous leurs exploits, qu'ont-ils fait de si beau,
Que ce grand Fils de Mars n'ait mis dans le Tombeau;
Auguste, dont le nom est adorable encore,
Des riues du Couchant au leuer de l'Aurore,
S'il eust eu pour obstacle vn Monarque si grand,
On l'auroit veu captif plustost que Conquerant,
Et tous ces grands Lauriers qu'a fait naistre sa Gloire,
Ombrageroient les borts de la Seine & de Loire:
Mais de quelque Immortelle & brillante couleur,
Dont la Memoire ait peint sa boüillante valeur,
Quelque bruit dont sa vie ait la terre semée,
Par le son esclatant que fait la Renommée,

Dd

Quoy que ce Prince ait fait d'illuſtre & d'éclatant,
Vn ſeul de tes deſirs en pourra faire autant,
Sans te donner en proye aux trauaux de Bellonne,
Pour enrichir ton front d'vne Illuſtre Couronne,
Sans donner à la mort cent peuples innocens,
Enfumant ſes Autels de ſang au lieu d'encens,
Les yeux que la Nature en ta fille a fait naiſtre,
Dont tu te peux vanter & le Pere & le Maiſtre,
Peuuent en vn moment par leurs Diuins regards,
Accroiſtre tes grandeurs du luſtre des Cæſars;
La fureur ne fait rien par la force des armes,
Qui ne ſoit tributaire a l'orgueil de ces charmes,
Et ſans faire marcher mille peuples diuers,
Tu peux quand tu voudras t'acquerir l'Vniuers,
L'éclat imperieux de ſes beautez ſupreſmes,
Semble faire vn meſpris des plus grands Diadeſmes,
Et l'Amour tout craintif aupres de ces appas,
Tout immortel qu'il eſt, a crainte du treſpas:
Le iour que la Nature & les Dieux auecque elle,
Firent en ta faueur ſon merueilleux modelle,
Ils y mirent des traits plus doux & plus parfaits,
Que celuy ſur lequel eux-meſmes furent faits.
Mais de quelques attraits dont elle ſoit pourueuë,
Quelque eſclat nompareil qui brille dans ſa veuë,
I'oſe ſans te donner aucune vanité,
Eſtimer ſa Naiſſance autant que ſa beauté,

MENVISIER DE NEVERS.

Et dire quelle doit à ta pudique flâme,
Les belles qualitez qui brillent en son ame.
Mais parmy tous ces traits d'amour & de pudeur,
Où l'on voit le pourtrait de toute ta grandeur,
Ie deteste de voir que le Ciel porte enuie,
A la felicité qui gouuerne ta vie ;
Et que jaloux des vœux qu'on offre à tes Autels,
Il te rende sujet aux peines des mortels.
Plût aux Dieux que le sort qui regit l'aduanture,
Des miracles viuans qui sont en la Nature,
Pour faire en ta faueur vn prodige nouueau,
M'eût fait comme Aretuse vn murmurant ruisseau,
Et que ta guerison où tout mon heur aspire,
Dependist seulement de mon liquide Empire,
Pour rendre à ta santé ses vtiles appas,
Adorable GASTON, que ne ferois-ie pas :
Tous ces canaux de sang qui serpentent mes veines,
Offrant à tes vertus leurs viuantes fontaines,
Formeroient vn cristal qui seroit reueré,
Auec plus de respect que ce fleuue doré,
D'où sort malgré la nuit la flâme pure & belle,
Qui rend à l'Vniuers sa beauté naturelle.
Mais Prince incomparable, en l'estat où ie suis,
De te donner ces vers, c'est tout ce que ie Puis,

A MONSEIGNEVR SEGVIER,
CHANCELIER DE FRANCE,
A qui Maistre Adam demande sa Pension.

SONNET.

Fameux & grand Esprit, dont la haute prudence
 Eternise ses faits d'immortelles couleurs,
 Et de qui la vertu fait aux Lys de la France,
 Ce que fait le Soleil sur la tige des fleurs.

Quel Ministre a iamais d'vne Auguste asseurance,
 A l'esgal de tes soins combatu nos malheurs,
 Et qui peut mieux que toy joindre à nostre esperance,
 Le retour de la Paix, & la fin de nos pleurs.

Le desir d'éleuer au Temple de Memoire,
 Auecque des trais d'or le pourtrait de ta gloire,
 De mille ardens pensers vient m'embraser le sein:

Mais le barbare sort qui fait mon aduanture,
 Me va rauir l'honneur d'vn si fameux dessein,
 Si ton Illustre Main n'en fournit la peinture.

MAISTRE ADAM ESTANT VN
iour dans la Cour du Chasteau de Neuers, où
le Prince & les Princesses n'estoient plus, fit ce Sonnet.

SONNET.

Miserable Chateau qui n'est plus qu'vn champestre,
 Visité des Demons de la nuit & du iour,
Toy qui dedans ton sein autrefois a veu naistre
 Les nourrissons de Mars, de Minerue, & d'Amour.

Mondieu que les Destins ont bien chàngé ton estre,
 Que tu sembles à mes yeux vn desolé seiour,
Et que tu passes bien pour Chateau de Bisestre,
 Depuis que tu n'est plus de tes Princes la Cour.

Que n'as tu comme moy quelque ressentiment,
 Pour te considerer dedans ton changement,
Presque aussi malheureux que les restes de Troye.

Tu pourrois iustement injurier les Cieux,
 Et dire, quoy, faut-il estre aux Demons en proye,
Moy qui fus autrefois la demeure des Dieux?

VERS FAITS SVR LE CHAMP
A MONSIEVR LE COMTE
DE M
SVR CE QV'IL DISOIT A MAISTRE ADAM
qu'il mourroit dans huit iours.

OMTE, ie me porte vn peu Mieux,
Mon mal a sonné la retraite,
Et i'espere que grace aux Dieux,
Tu seras vn mauuais Prophete.

Tu dois plustost estre asseuré,
Qu'en suite de ton Horoscope,
En chantant vn Miserere
Ma main t'aspergera d'hyssope.

Mais auparauant que la Mort,
En ta ieunesse te terrasse,
Tu mourras dans ce reconfort,
Que tu laisseras de ta Race.

MENVISIER DE NEVERS.

Vn fils digne de ta valeur,
Qui doit estre vn Mars en proüesse,
En ta place aura pour tuteur
Ton oncle le Seigneur des ★★★

Puis que tu ne peux nullement
Te parer de cette aduanture,
Oblige moy par testament,
Que ie fasse ta sepulture:

Peut-estre qu'vn Destin plus beau
Que celuy là qui m'importune,
Fera du guain de ton Tombeau,
La naissance de ma fortune.

Dans la perte de ton accueil,
Ma Muse toute desolée,
Mettra ces mots sur ton cercueil,
Qui vaudront mieux qu'vn Mausolée.

Car malgré la Parque & les vers,
Et tous les droits de la Nature,
I'orneray de ces tristes vers,
Ta miserable Sepulture.

LES CHEVILLES DV

Passant, tesmoigne vn peu d'ennuy,
En disant quelques patenostres
Dessus le Tombeau de celuy
Qui pensoit prier pour les autres.
La Parque qui n'espargne rien,
Ny la naissance ny le bien,
La fait choir dessous cette Tombe,
Le sort qui sçait tout gouuerner,
Fait que bien souuent le four tombe,
Lors que nous pensons enfourner.

ESTRENNES

MENVISIER DE NEVERS.
ESTRENNES A MONSIEVR
DV PVY,
MEDECIN DV ROY,
ET DE MADAME
LA PRINCESSE ANNE.
SONNET.

Avjourd'huy que le Temps fait renaistre l'année,
Ie sens qu'à t'étrener ie manque de pouuoir:
Car que te puis-ie offrir, si ton ame est ornée
Des dons les plus parfaits que l'ame puisse auoir.

Toutefois par coustume, ainsi que par deuoir,
Ma vie offre à tes pieds toute sa Destinée,
Tu puis en disposer, puis qu'auec ton sçauoir
Au mespris du trespas tu me l'as redonnée.

Diuin, & grand Esprit, c'est ainsi que ie veux
Te donner apres Dieu, les plus grands de mes vœux;
Et si iamais l'amour des filles de Memoire,

M'ouure le Cabinet de leurs riches presens,
I'espere d'augmenter la grandeur de ta Gloire,
De mesme que tu fais la course de mes ans.

Ee

A VNE BELLE DAME,
QVI PRIA MAISTRE ADAM
de luy faire des vers sur sa Beauté.

Quand ie viens à penser que vous mourrez un iour,
Que la mort dans vos yeux estouffera l'Amour,
Que tous ces doux attraits dont la Beauté vous pare,
Se verront enfermez sous un marbre de Pare ;
Que le temps vous doit rendre au mespris de nos vœux,
Moindre que cét Iris qui poudre vos cheueux ;
Que les vers l'excrement des soins de la Nature,
Perceront l'ornement de vostre Sepulture,
Que leur brutalité mesme s'ira cacher
Dans ce sein que les Roys n'oseroient approcher.
En un mot, que le sort vous contraindra de suiure
Celles qui ne sont plus que l'ornement d'un liure ;
Ie meurs de desplaisir en voyant tant d'appas,
Sujets aux volontez d'un rigoureux trespas,
Et ie blasme le Ciel d'auoir mis tant de choses,
Dans un teint qui ternit & les lys & les roses,
Et qui malgré pourtant tous nos cris superflus,
Les roses reuiendront, & ne reuiendra plus.

MENVISIER DE NEVERS.

VN NOMMÉ DES-CHAMPS apportant le iour des Roys, des vers Latins à Monsieur de Langeron pour Estrennes, Maistre Adam luy fit ce Sonnet sur le champ.

SONNET.

IE ne me picque pas de dire dans mes champs,
A quel point ta valeur a fait monter ta gloire,
Il faudroit estre aymé des Filles de Memoire,
Comme ce grand Esprit qu'on appelle Des-champs.

Ie n'ay iamais cherché ny par monts ny par champs,
Cette source, où la Muse à tout heure va boire;
Aussi ie n'ose pas entonner ton Histoire,
De crainte que mes vers ne fussent trop meschans.

I'inuoque seulement pour toy la Destinée,
Que deuant que le temps ait terminé l'année,
Tu passes des Cesars les Belliqueux Exploits;

Que ce bras dont tu tiens & pares la Tempeste,
Fasse que ce jourd'huy l'on celebre ta Feste,
Car tu merites bien d'estre au nombre des Roys.

LES CHEVILLES DV

A VN SEIGNEVR, QVI DEMANDA DEVANT MONSEIGNEVR LE CARDINAL DE RICHELIEV, QVATRE VERS A MAISTRE ADAM, lequel luy fit ce Sonnet sur le Champ.

SONNET.

Traiter de quatre vers vn Seigneur de ta sorte,
Ie serois accusé de peu de iugement;
Ton merite est trop grand, & mon amour trop forte,
Pour ne te presenter qu'vn quatrain seulement;

Pour plaire à ton desir l'ardeur qui me transporte
Me fait naistre ces vers qui n'ont point d'ornemēt,
Sinon qu'ils sont tracez par l'Ange qui me porte,
A chanter tous les iours les merueilles d'Armand.

Ils ne font pas icy le pourtrait de ta Gloire;
Pour vn sujet si beau les Filles de Memoire
M'enfermeront tantost dedans leur Cabinet:

C'est lors qu'à tes vertus ie ne seray point chiche:
Mais pour le temps present n'estant pas assez riche,
Ie ne te puis offrir que ce pauure Sonnet.

MENVISIER DE NEVERS.

EPITAPHE
A LA MEMOIRE DE TRES-ILLVSTRE
Et tres-vertueuse Personne
MONSIEVR PAVLLET,
EN SON VIVANT CHANOINE ET
Doyen de l'Eglise Cathedrale de Saint Cire de Neuers, lequel deceda en celebrant la Feste du tres-Saint Sacrement, l'an 1643.

I pour auoir seruy d'exemple,
Aux plus illustres de ce Temps,
Si pour auoir orné ce Temple,
Mieux que les roses le Printemps;
Si le cours d'vne belle vie,
De gloire & de vertu suiuie,
Doit mettre vne ame en Paradis,
On peut dire auec iuste cause,
Celuy qui cy-dessous repose,
A plus besoin d'Autels que de Deprofundis.

Paſſant, pour te faire conneſtre,
Comme le Ciel ſe le donna,
Sçache qu'en couronnant ſon Maiſtre,
Son Maiſtre auſſi le couronna;
La mort d'vne Pompe Celebre,
Luy fit vne Pompe funebre,
En le dérobant à nos yeux :
Mais ce fut auec tant de Gloire,
Que iamais l'œil de la Memoire
N'a veu naiſtre vn Tombeau qui fuſt plus Glorieux.

Le mal le prit à la proceſſion, & tomba en Couronnant le Saint Sacrement d'vne couronne de fleurs.

Comme vn nourriçon de Bellone,
Qui parmy l'orage & l'effroy,
Meurt en maintenant la Couronne
Deſſus la teſte de ſon Roy;
De meſme au meſpris de la Parque,
Il rendit au Diuin Monarque
Tous les reſtes de ſon deuoir,
Et quand le mal le vient pourſuiure,
Il aima mieux ceſſer de viure,
Que de reſter viuant & manquer de deuoir.

MENVISIER DE NEVERS. 223

Au milieu d'un peuple fidele,
Qui de toutes parts le suiuoit,
Autant pour imiter son Zele,
Que pour la charge qu'il auoit ;  Il fut emporté
En celebrant l' Auguste Feste, esuanoüy de la
Du Moteur qui tient la Tempeste, Procession.
Et la Destinée en ses mains ;
La Mort d'un coup doux & funeste,
L'éleuant au Sejour Celeste,
Le sauua pour iamais de celuy des humains.

Funeste de voir sa presence,
L'objet d'un veritable Amour,
Marcher sur les pas d'vne absence,
Qui ne promet point de retour ;
Mais fauorable en ce rencontre,
Que par son salut Dieu nous montre,
Vn lieu Superbe & sans pareil,
Où l'homme le plus miserable
Imitant sa vie adorable,
Marchera comme luy sur le front du Soleil.

Grands Imitateurs de sa vie,
Sacrez Ministres de ce lieu;
Qui ne respirez que l'enuie,
D'accroistre la Gloire de Dieu;
Pardonnez-moy si ie vous blasme,
De vous voir prier pour son ame,
Qui n'est plus capable d'ennuy;
Sa Gloire est toute indubitable,
Et ie trouue plus raisonnable,
De le prier pour nous, que de prier pour luy.

EPITAPHE

EPITAPHE
DE MADAME CLAVDE DE SAVLX DE TAVANES,
Femme de Monsieur le Marquis Despoisse, laquelle trespassa le 25. Mars 1639.

Passant, si l'on pouuoit fléchir les destinées,
 Quand leur fatalité nous veut priuer du iour;
Si la grandeur du Sang, la Fortune & l'Amour,
Pouuoit faire durer la course des Années,
Celle dont ce Tombeau se vante sans pareil,
Exempte du tribut qu'on doit à la Nature,
N'auroit jamais entré dedans la Sepulture
  Qu'auecque le Soleil.
 L'Immortelle vertu dont elle fut suiuie,
Sembloit estre au dessus des volontés du sort,
Et l'on va s'estonnant comme vne iniuste mort,
Osa bien triompher d'vne si iuste vie,
Car quoy que la raison nous puisse discourir
Sur la necessité de la loy Naturelle,
Ie tiens que c'est à tort qu'vne chose si belle
  Soit subjecte à mourir.

Ses moindres actions ont passé pour Diuines,
Elle fut icy bas vn miracle à nos yeux,
Mais comme vn beau rosier, dont la rose est aux Cieux,
Ce triste monument n'en a que les espines;
C'est en vain d'esperer par des pleurs superflus,
Qu'arrosant ce Tombeau cette fleur vienne encore,
Qand mesme se seroit des larmes de l'Aurore
    Nous ne la verrons plus.

  Elle est dans vn sejour d'eternelle durée,
Où l'Astre qui nous luit fait le iour sous ses pas,
Ou l'Empire du temps ny celuy du trépas,
N'ont point d'authorité qui soit consideree;
Là si le souuenir donne de la pitié,
Si la terre a pour elle encore quelques charmes,
C'est le fascheux plaisir de voir tomber des larmes
    A sa chere moitié.

  Apres le rude effort de ce coup inuincible,
Son Espoux deuint sourd aux consolations;
Et son cœur fléchissant dessous les passions
Par trop de sentiment deuint presque insensible;
La constance luy fut vn objet de mespris,
Sa parole cessa, sa couleur deuint blesme,
Et pres de ces deux corps la mort mesconnut mesme
    Celuy qu'elle auoit pris.

Auſſi depuis le jour d'vn ſi cruel outrage,
Quand il vient aborder ſe funeſte Cercueil,
Il reſſemble au nocher qui regarde l'eſcueil,
Où l'orage impiteux à cauſé ſon naufrage;
Il meurt de deſplaiſir de voir que ſa valeur,
Qui cent fois a ſeruy de rempart à la France,
N'a fait qu'vn vain effort contre la violence
    De ce commun malheur.

De quelque fermeté dont vn eſprit ſe pare
Contre les accidens qui le peuuent toucher,
S'il ne ſoûpire pas, faut qu'il ſoit vn Rocher
Quand il ſent que ſon cœur de ſon cœur ſe ſepare;
Et c'eſt vn grand bon-heur que le Ciel luy fait voir
Contre la paſſion du mal qui le poſſede,
Que ſon propre malheur a fait naiſtre vn remede
    Contre ſon deſeſpoir.

Ce qui rompit le cours de ſa mortelle plainte,
Et des flots de ſes yeux arreſta les debords,
Ce fut par le recit qu'on luy fit, qu'en ſon corps
On auoit rencontré les marques d'vne Sainte,
Sa gloire ſe trouuant eſcrite dans ſon fiel,
Confirme à l'Vniuers cette ſaincte couſtume
Qu'on ne ſçauroit trouuer qu'auecque l'amertume
    Les delices du Ciel.

Dans cét heureux sejour où tout le monde aspire,
Où les contentemens surpassent les desirs,
Où tout est immortel, où les moindres plaisirs
Sont plus à desirer que l'éclat d'vn Empire,
Dans des felicitez qu'on ne peut exprimer,
Assise sur les bords du celeste riuage,
Elle voit des mortels l'ambitieux orage
        Sans crainte de la mer.

Passant, pour meriter le bon-heur de la suiure,
Et rendre ton esprit à iamais satisfait,
Apprends par le chemin que sa vertu te fait,
Qu'il faut pour bien mourir que l'on sçache bien viure,
Imprime dans ton cœur la grandeur de sa foy,
Et pour participer à sa gloire immortelle,
Inuoque la plustost (que de prier pour elle)
        Qu'elle prie pour toy.

MENVISIER DE NEVERS.

MONSIEVR LE COMTE DE LANGERON

ESTANT ALLE' EN ROVERGVE pour remettre les mutins sous l'obeïssance du Roy, escriuit vne Lettre à Maistre Adam à Neuers, par laquelle il s'enquiert s'il a acheté vne vigne, & ce qu'il a de reuenu.

RESPONSE.

COMTE, pour respondre à ta Lettre,
La Muse a bien voulu permettre,
Que ie rotournasse chez soy,
Bien que i'eusse rompu sa foy,
Que ma passion naturelle
M'auoit fait iurer auec elle;
Elle est de si bonne amitié,
Que par vn trait de sa pitié,
Elle a r'allumé dans mon ame,
Vn rayon de l'antique flâme,
Qui me fit quitter autrefois,
Le Rabot, la Scie, & le Bois,

Et qui d'vn miserable Rustre,
Me fit passer pour vn Illustre.
L'âge qui me suit de trop pres,
Metamorphosoit en Cyprez,
Les Lauriers qu'vne ieune audace,
M'auoit cultiuez sur Parnasse,
Et presque tout vsé du temps,
Comme vne femme à cinquante ans,
Ie n'enfantois plus nulles choses.
Mais suiuant le Destin des roses,
De tous ses outrages vaincu,
I'allois deuenir gratecu,
Quand ta Lettre m'a fait reprendre,
Comme vn charbon dessous la cendre,
Vn feu qui n'estoit plus viuant,
Si tu n'eusse animé le vent,
Qui rend en leur force premiere,
Et ma chaleur & sa lumiere;
Doncques pour te donner aduis,
De la façon comme ie vis,
Tu sçauras que par ton absence,
I'ay fait beaucoup de penitence.
Que ie suis presque esté contraint
De suiure tes pas & ton train,
Pour me remettre vn peu la mine,
Sur les ragouts de ta cuisine.

MENVISIER DE NEVERS.

Mais graces au Ciel, maintenant
Ie reprends Caresmeprenant,
Depuis que d'vne chere extresme
Ton Frere a banny mon Caresme.
Pour le reuenu de mon bien,
Que tu peux appeller le tien,
Et qui te sera plus fidelle
Que tes mulets & ta vaisselle,
Qui sont maintenant des ancas
Entre les griffes des Croquans,
Ie t'asseure par la presente,
Qu'ils décroist bien plus qu'il n'augmente,
Puis qu'hier dedans le terrain,
Dont tu m'as fait le souuerain,
Ie perdis pour toute la troupe,
De cinq ou six vuideurs de coupe,
Qui pour trop boire à ta santé,
Me rendirent espouuanté :
Mais sçachant comme tu te porte
Cette perte me reconforte,
Puis que dans ce noble dessein
Monsieur Prisy ton Medecin,
Auec la genereuse enuie,
Qu'il a de conseruer ta vie,
N'auroit pas fait, comme ie croy,
Ce qu'en Beuuant on fit pour toy;

Tout ce qu'on chante d'Esculape,
De Iupiter, & de Priape,
De ce dieu qui fut maq★★★
Et de celuy qui dedans l'eau,
Fait souuent vne lechefrite,
De la coquille d'Anphitrite,
Lors que sous les flots Cupidon
Brusle son escaillé lardon,
De celuy mesme qui commande
A toute l'infernale bande;
Ie tiens que ces Dieux sont vaincus
Quand on leur parle de Bachus,
Que le sçauoir le plus sublime,
Par qui nostre corps se r'anime,
N'enfante pas la guerison,
Comme boire & faire raison;
Leurs puissances sont des friuolles,
Et ce ne sont que les Idoles
De ce Monarque sans pareil,
Qui brille mieux que le Soleil,
Alors qu'assis dessus la bonde,
D'vn gros muid qui fume & qui gronde,
Il nargue du soir au matin,
Tous les caprices du Destin;
C'est luy qui fait ma destinée,
Et qui d'vne ardeur obstinée,

MENVISIER DE NEVERS.

Me fait preferer bien souuent
Le Cabaret à vn Couuent.
C'est de cette liqueur supresme,
Que ma Verue deuient extresme,
Et qui te promet quelque iour,
Pour les marques de mon Amour,
De peindre au front de la Memoire,
L'illustre pourtrait de ta Gloire;
Car de quelque insigne valeur,
Dont tu triomphes du malheur,
Quelques Lauriers que Mars ordonne,
Pour t'ombrager d'vne Couronne,
Apprends que de fascheux hyuers
Secheroient leurs feüillages vers,
S'ils ne prenoient leur nourriture,
De cette parlante peinture,
Qui n'auroit qu'vn foible ornement,
Sans le jus qui vient du ferment.
Ie ne t'en romprois point la teste,
Si tu ne me faisois point feste,
Par la Lettre que tu m'escris,
De la vandange & de son prix;
I'ay plus consideré la Ligne,
Où tu me parles d'vne vigne,
Que ne feroit vne Putain
Les postures de Laretin.

Gg

Mais le malheur qui m'importune,
Fait que par faute de pecune,
Ie ne sçaurois me contenter,
Au desir que i'ay d'achepter;
Car pour te parler en franchise,
Ie suis Gueux comme vn rat d'Eglise;
Tout mon argent s'est escoulé:
Mais il n'est pas si loing allé,
Qu'encore vn coup ie ne le voye,
Peut-estre auecque plus de joye,
Que tu ne reuerras celuy
Dont la perte a fait ton ennuy.
Toutesfois que serois tu plaindre;
La Fortune n'a rien à craindre
La vigilante affection
Qui t'inspire la passion
D'espandre par toute la Terre,
Le sang, le carnage, la Guerre,
Pour rendre le Prince François,
Le Monarque de tous les Roys:
Brille d'vne vertu si rare
Que Lustubron ce Turc Auare,
Eust achepté de tout son bien,
Vn Eloge comme le tien.
Mais ou diantre est-ce que i'accule,
Que ma pensée est Ridicule,

MENVISIER DE NEVERS.

De faire vne comparaison,
Si peu sortable à la Raison.
Non, cher Comte, ie te conjure
De me remettre cette injure;
Retournons sur nos premiers pas,
Car ma foy ie ne pensois pas,
Parler de ce Bardache infame,
Qui mesme auroit produit sa femme,
Toute sa famille, & son ✶ ✶ ✶
Pour faire raffle d'vn escu;
Tant chez Soliman parut Chiche
L'ame de cét infame Riche.
Pour retourner à mon discours,
Et t'inuiter à mon secours,
Comme mon Tuteur ie te prie
Auecque autant d'idolatrie,
Que ton ame en a pour Fanchon,
Et la mienne pour vn Bouchon.
Que si tu fais quelque capture
Sur la maudite geniture,
Qui morguant la Diuine Loy,
Fait la nique aux Edits du Roy,
D'en faire part à ton compere:
Ainsi la Fortune prospere,
Pour croistre tes felicitez,
Marche tousiours à tes costez;

Que pour connestre ton seruice,
L'espargne comme vne Escreuisse,
En te presentant ses doublons,
Ne marche pas à reculons ;
Au contraire, que ton merite
De mesme qu'il est sans limite
Pour accroistre ton reuenu,
Sans limite soit reconnu.
Mais sur tout ie te recommande,
Et mesme ie te le commande,
A moins que de m'estre ennemy,
De paroistre vn peu plus amy,
Au destin qui brusle d'enuie
Pour l'accroissement de ta vie.
En vn mot, ne t'hazarde pas
Entre les griffes du trespas :
Car de quelque plume sçauante,
De quelque peinture viuante,
Dont vn Heros soit estimé,
En suite d'vn Liberamé,
Pour te montrer sans artifice,
Les sentimens de mon Caprice,
Sçaches que i'ayme plus le sort,
D'vn gueux viuant, que d'vn Roy mort,
Ie prefere le bien de viure,
A tous les monumens d'vn Liure,

MENVISIER DE NEVERS.

Quand Aristote mesmement,
En viendroit tracer l'argument;
La Gloire fust-elle mieux peinte,
Ie la conte pour vne Sainte,
Que l'ame ne regarde pas
Apres l'iniure du trespas :
Viuons tousiours s'il est possible,
Et si tu n'est pas insensible
Aux prieres que ie te fais,
Rends-toy du costé de la Paix.
Que s'il faut que ton bras desserre
Les derniers coups de son Tonnerre,
Que ce soit contre ces Bourreaux
Qui sont ennemis des tonneaux,
Et qui pour suiure vn faux prophete,
Cherchent tous les iours la deffaite,
De ce Dieu qui s'alla planter
Dans la fesse de Iupiter.
Adieu, cher compere i'acheue,
Ton Laquais a rompu la tréue
Que i'auois auecque Apollon,
Et la morgue de son talon
Oblige ma plume à conclure,
Priant le Ciel & la Nature,
Que tu me sois tousiours Tuteur,
Comme ie suis ton seruiteur.

LUTENPICANOR AYANT DERECHEF
Esté mal traité de Lustubron, recommença cette seconde Piece, qu'il n'acheua pas, à cause que le Grand Seigneur luy deffendit : Tirée du mesme Historien Turc qu'est la precedente : traduite par Maistre Adam.

IMPRECATION.

QVOY! c'est donc à Recommencer,
Et ton tyrannique penser
De toute malice capable,
Veut rendre l'innocent coupable?
Quoy! tu penses par le dessein
Du noir Demon qui dans ton sein,
Mutine ton esprit brauache,
Comme vn tan qui pique vne vache,
M'esloigner d'aupres de deux yeux
Qui sont mes Soleils & mes Dieux,
Et d'vne médisance infame,
Presque aussi noire que ton ame,
M'oster la reputation,
Que malgré l'inclination

MENVISIER DE NEVERS.

De a Brutale destinée
Toute la terre ma donnée,
Lestrigon, Bussire inhumain,
Iuif, dont la rauissante main
A plus Brigandé de Pecune,
Qu'il n'en faudroit pour la Fortune
D'vn homme qui seroit vestu
De tous les dons de la Vertu.
Peste de ce Siecle où nous sommes,
Ennemy des Dieux & des Hommes,
Fantosme, Lougarou, Lutin,
Dont le Diable quelque matin
Dans le plus profond de l'Auerne,
Doit faire vn Bouchon de Tauerne,
Pour appeller aupres de soy,
Tous les vsuriers comme toy;
Traistre, penses-tu que ie dorme
Tandis que ton esprit enorme,
Auecque deux de tes suppofts,
S'amuse à troubler mon repos?
Non, il faut que ie recommence
A combatre ta violence,
Et peindre iusques au dernier trait,
Ton Abominable pourtrait.
Reynes de ce Mont que i'adore,
Germaines de l'Astre qui dore,

Auecque mille traits diuers,
La surface de l'Vniuers.
Ce n'est point vostre art que i'inuoque,
Pour ce Mirmidon de Bicoque,
Pour ce peculaire auorton,
Qui n'auroit pas eu le teston,
Si son Brigandage visible
A mille orphelins si nuisible,
N'eust assis sa prosperité
Au dessus de sa qualité.
Ie vous reserue belles Fées,
Pour chanter vn iour les trophées
De mon Prince, à qui les Destins
Malgré cent Royaumes mutins,
Asseurent sur la terre & l'onde,
La conduite de tout le monde;
Employez vos saintes couleurs
Pour peindre des gestes voleurs,
Seroit dans des actes prophanes
Donner de l'encens à des asnes,
Et monter sur vos deux sommets,
Vn monstre, qui n'aura iamais
De plus celebre recompence,
Que la cime d'vne Potence;
Pasles hostes des creux manoirs,
Quittez vn peu vos antres noirs;

Pluton,

MENVISIER DE NEVERS.

Pluton, Proserpine, Cerbere,
Tisiphonne, Alecton, Megere
Cloton, Lachesis, Atropos
Radamante, Eaque, Minos
Toy-mesme pour qui ie Blaspheme,
Plus diable que le diable mesme.
Pour satisfaire à mes accords
Vomis de ton infame Corps.
  Auec cette infernale bande,
La peinture que ie Demande.

Maiſtre Adam auoit deux Bouteilles de vin d'Eſpagne, dont il en enuoya vne à quelques-vns
de ſes amis auec ces vers.

EPIGRAME.

IE vous enuoye vne Bouteille,
Qui vous fera dire merueille,
Gouuernez-la dans la douceur,
Dont nous allons traiter ſa ſœur,
Elle l'auroit accompagnée,
Mais nous l'en auons eſloignée,
Car ſon ordre ny ſes deſſeins
Ne ſemblent pas les ****
A qui le cœur palpite & tremble.
Quand ils ne ſont pas deux enſemble,
Ie vous offre cette liqueur
D'affection & de bon cœur,
Comme ſans aucun artifice
Ie viuray pour voſtre ſeruice.

A Monseigneur le Chancelier, Maistre Adam le prie de luy faire donner la charge de cacheter les Bouteilles, où l'on prend des eaux Mineralles, à cause de l'abus que commettent ceux qui les enleuent.

STANCES.

Sacré Ministre de Themis,
I'ay fait tout ce que i'ay pû faire,
Sur ce que vous m'auez promis
Pour obliger vn Secretaire,
A mettre deux mots de sa main,
Sur vn morceau de parchemin.

Mais tous mes soins sont superflus,
I'ay perdu mon temps & ma peine,
Ie voy que leurs doigts sont perclus,
Et que mon esperance est vaine,
Si pour moy vous ne faites voir,
La grandeur de vostre pouuoir.

Si ie vous allois demandant,
Quelque chose mal entenduë,
Vous auriez droit en respondant,
Maistre Adam ta cause est perduë,
Car on ne fait en ma maison
Que ce qu'ordonne la raison.

Pour Dieu ne me refusez pas
Vne chose si legitime,
Que ie ne perde point mes pas,
Et pour le payement de ma rime,
Ie ne vous demande qu'vn sceau
Pour emplir des Bouteilles d'eau.

A Monseigneur le Mareschal de Chomberg.

EPIGRAMME.

Hercule des François, grand Phœnix des Guerriers,
Heros dont la valeur soustient nostre Couronne,
Pourras-tu bien vn iour suporter les lauriers
Que parmy les combats ton courage moissonne;
Mars porte de l'enuie à tes sanglans efforts,
Tu cultiues nos Lys sur la cendre des Morts
Que la temerité contre toy fait resoudre;
L'ennemy qui te voit & ne recule pas,
Fait croire qu'il se dit plus puissant que la foudre,
Ou qu'il fait vanité de mourir par ton bras.

RONDEAV.

DE vos beautez on me verroit espris,
N'estoit qu'amour pour vne autre ma pris,
Qui me possede auecque tant d'empire
Qu'il me faudroit vn siecle pour descrire
Le Labirinte où ie me trouue pris.

Quand vous seriez plus belle que Cypris
N'estoit aux yeux du beau berger Paris
Ie ne pourrois autre chose vous dire
      De vos Beautez.

Ne croyez point que i'en fasse vn mespris,
Car ie sçay bien que mille beaux esprits,
Souffrent pour vous vn rigoureux martyre,
A vous seruir tout mon desir aspire
Sans que pourtant ie me sente surpris
      De vos Beautez.

Maistre Adam fit ce Sonnet à Madame la Princesse Anne le iour des estrenes.

SONNET.

Digne obiet de nos vœux, Princesse sans seconde,
Reine dont mille Rois ont esté les ayeux,
Et de qui l'œil plus beau que le flambeau du Monde
Fait brusler les mortels, & soupirer les Dieux.

Ma Muse ce matin pour vous faire vne estrene,
A fait ce quelle a pû pour en venir à bout,
Mais elle n'a trouué qu'vne inutille peine,
D'entreprendre à donner a qui possede tout.

Vous possedez les cœurs, vous triomphez des Ames,
Sans le feu de vos yeux amour seroit sans flames,
Les Rois sous vos apas ne voudroient rien ceder.

Tout ce que ie sçaurois vous desirer de iuste,
C'est de voir vos attraits posseder vn Auguste,
Qui merite l'honneur que de les posseder.

Maistre Adam est sollicité par vne Personne de condition d'aller à la Cour, afin d'y establir sa fortune, il luy fit responſe par ces Stances qui ſuiuent.

STANCES.

Ourueu qu'en rabotant ma diligence apporte,
Dequoy faire rouler la courſe d'vn viuant,
Ie ſeray plus content à viure de la ſorte,
Que ſi i'auois gagné tous les biens du leuant;
S'eſleue qui voudra ſur l'inconſtante rouë,
Dont la Deeſſe aueugle en nous trompant ſe joüe,
Ie ne m'intrigue point dans ſon funeſte acueil,
Elle couure de miel vne pillule amere,
Et ſous l'ombre d'vn port nous cachant vn eſcueil
Elle deuient maraſtre, auſſi-toſt qu'elle eſt mere.

Ie ne recherche point cet illuſtre aduentage,
De ceux qui tous les iours ſont dans des differens,
A diſputer l'honneur d'un fameux parantage,
Comme ſi les humains n'eſtoient pas tous parens;
Qu'on ſçache que ie ſuis d'vne tige champeſtre,
Que mes predeceſſeurs menoient les brebis paiſtre,
Que la ruſticité fit naiſtre mes ayeux,
Mais que i'ay ce bon-heur en ce ſiecle où nous ſommes,
Que bien que ie ſois bas au langage des Hommes,
Ie parle quand ie veux le langage des Dieux,

La ſuite de mes ans eſt preſque terminée,
Et quand mes premiers iours reprendroient leurs apas
La courſe d'un mortel, ce voit ſi toſt bornée,
Qu'il m'eſt indifferent d'eſtre ou de n'eſtre pas;
Quand de ce tronc viuant l'ame ſera ſortie,
Que de mes elements l'ordre ou l'antipatie,
Laiſſeront ma charongne à la mercy des vers,
Dans ces lieux eternels où l'eſprit ſe doit rendre,
Il m'importera peu quel ſecond Alexandre,
Se doit faire un autel du front de l'Vniuers.

Tel

MENVISIER DE NEVERS.

Tel grand va s'eſtonnant de voir que ie Rabote,
A qui ie reſpondray pour ſe deſabuſer,
En ſon aueuglement que ſon ame radote.
De poſſeder des biens dont il ne ſçait vſer,
Qu'vn partage inegal des dons de la Nature,
Ne nous fait pas joüir d'vne meſme aduanture,
Mais que ma pauureté peut vaincre ſon orgueil.
Pour ſi peu de ſecours que la fortune m'offre,
Puis que pour ſes treſors en penſant faire vn coffre,
Peut-eſtre que du Bois i'en feray ſon cercueil.

Le deſtin qui preſide aux grandeurs les plus fermes,
N'a pas ſi bien fondé ſa conduite & ſes fais,
Que le temps n'ait preſcrit des bornes & des termes,
Aux faſtes les plus grands que ſa faueur ait faits;
Ce Prince dont l'Empire eut le ciel pour limite,
Qui trouuoit à ſes yeux la terre trop petite,
Pour s'eſleuer vn troſne & conſtruire vne loy,
Son dernier ſucceſſeur ſe vit ſi miſerable,
Que pour vaincre le cours d'vne faim deplorable
Il s'aida d'vn Rabot auſſi bien comme moy.

Liſez Plu
que dans le
nier chapit
de la vie de
Emille le fi
Perſeus de
ſucceſſeur
lexandre le
deuint Me
ſier à Rom

Les reuolations font des choses estranges,
Et par vn saint discours digne d'estonnement,
L'Ange le plus parfait qui fut parmy les Anges,
N'a-t'il pas fait horreur dedans son changement?
Va ne me parles plus des pompes de la Terre,
Le brillant des grandeurs est vn esclat de verre
Vn ardant qui nous trompe aussi-tost qu'on y cour,
Ce n'est pas qu'en passant ie ne te remercie,
Mais pourtant tu sçauras que le bruit de ma scie,
Me plaist mieux mille fois que le bruit de la Cour.

Contre vne vieille Dame qui Blafmoit Maiftre Adam fur ce qu'il l'empefchoit de dormir la matinée, à caufe du bruit qu'il faifoit en pofant vn plancher chez elle.

STANCES.

Lors que la mort qui tout attrape,
Par vn funefte changement,
Vous mettra deſſous vne trape,
Où tout le ſçauoir d'Eſculape,
N'aura qu'vn vain ſoulagement,
Contre le dard dont elle frappe.

Que voſtre incomparable trongne,
La viue image du bon temps,
Ne ſera plus qu'vne charongne,
Où les vers iront en beſongne
Plus affamez, & plus contens,
Que dans vne caue vn yurongne.

Que ces honneurs & ces seruices,
Dont vous flattez tant vostre corps,
Vous seront contez pour des vices,
Dans ce Cloaque de supplices,
Qui de tout temps est chez les morts,
Pour ces amateurs de delices.

Et vn mot quand vous serez morte,
Et que la iustice du sort,
Fussiez vous plus riche & plus forte
Vous fera passer vne porte.
D'où iamais personne ne sort
Quelque prïere qu'on apporte;

Alors vieille sempiternelle,
Vos plaisirs seront effacez,
L'effroy d'vne nuict éternelle,
Bannira de vostre prunelle,
Pour vous faire dormir assez,
Vostre ame horrible & criminelle.

Caprice de Maistre Adam contre les Muses sur ce qu'il auoit fait des vers pour vn grand Seigneur, auquel il fit en suite vn cercueil.

CAPRICE.

Gredines du mont Parnasse,
Muses, qui dans l'Vniuers
Faites porter la besace
A tant de faiseurs de vers;
Vostre nature immortelle,
N'est rien qu'vne bagatelle,
Puis que l'Eloge plus beau,
Dont vous flattez les Monarques,
Ne peut empescher les Parques,
De leur creuser le Tombeau.

Lors que vous pristes la peine
De venir sur mon berçeau
Emplir ma parlante veine
De vostre menteur ruisseau;
Trois fois maudite soit l'heure,
Qu'entrant dans cette demeure,
Où mon corps fut enfanté,
Vous me rompistes le vase,
Où vous apportiez l'extase,
Dont vous m'auez enchanté.

Cette veine frenetique,
Par qui mes sens sont broüillez,
Et qui fait qu'en ma Boutique,
Tous mes outils sont roüillez,
Auec son Enthousiasme,
N'auroit pas porté mon ame,
A ses apas superflus,
Que d'auoir en faux augure,
Peint d'eternelle Nature
Vn Heros qui ne vit plus.

I'abandonne vos trophées,
Pegase, & vostre valon,
Vos Amphions, vos Orphées,
Phœbus, & son violon;
Ie fulmine, ie deteste,
Contre l'ardeur qui me reste,
Et mesprisant vos douceurs,
Ie retourne à mes Cheuilles,
Esperant d'vn jeu de quilles,
Gagner plus que des neuf sœurs.

A Monsieur le Baron de la Hunaudaye, sur ce qu'il logea Maistre Adam chez luy.

CAPRICE.

Baron sans toy i'estois perdu,
Tout mon bien estoit dependu,
Aussi pauure qu'vn rat d'Eglise,
Prest à vendre habit & chemise,
Le ventre creux en violon,
Ie disois nargue d'Apollon,
De Pegase, & de la Fontaine,
Que nous appellons hypocreine;
Mais grace à l'extréme vertu,
Dont ton esprit est reuestu,
Mon destin a changé d'vsage,
Ie reprends mon premier visage,
Paris qui du commencement,
Me plaisoit moins qu'vn Monument,
M'est vn Paradis delectable;
C'est l'abondance de ta table,
Et le vin qu'on y boit sans eau
Qui me le font trouuer si beau;

Dans ce contentement extresme,
Ie ne croy plus estre moy-mesme,
Mon mauuais fort ne dit plus mot,
Ie ne songe plus au Rabot,
Ie ne cherche plus de pratique;
Et la face de ma boutique,
Me semble aussi peu de saison
Que la porte d'vne prison.
Que ie dois cherir le genie,
Qui me donna ta compagnie;
Que sans luy la necessité,
Choquoit bien ma felicité;
Ie ne sçauois à qui me rendre,
Le desespoir en a fait pendre,
Qui viuoient plus heureux que moy,
Auant que i'entrasse chez toy;
Mais maintenant rien m'importune,
Le doux repos de ma fortune;
Les espines de mes mal-heurs
Ont succombé dessous les fleurs;
Bref, par ta bonté, mes supplices,
Succomberont sous mes delices
Pourueu que parmy ces plaisirs
Tu ne changes point de desirs.

CHANSON.

Absent de vos appas, ie ne voy rien de beau,
Tout me semble funeste,
Et ie ne serois plus que l'objet du Tombeau,
Sans l'espoir qui me reste
De reuoir vos beaux yeux,
Dont la flame est si belle,
Que mon cœur les appelle,
Ses Soleils & ses Dieux.

Priué de leurs regards, les iours me sont des nuicts,
La lumiere m'offence,
Et tout ce qui m'oblige en l'estat où ie suis,
C'est la seule esperance
De reuoir vos beaux yeux,
Dont la flame est si belle,
Que mon cœur les appelle
Ses Soleils & ses Dieux.

C'est ainsi qu'Alcidon dans vn esloignement,
Soupiroit pour Siluie,
Et sans doute la mort eust finy son tourment,
Sans l'amoureuse enuie
De reuoir ses beaux yeux,
Dont la flame est si belle,
Que son cœur les appelle,
Ses Soleils & ses Dieux.

A Madame la Princesse Marie.

SONNET.

Qvand vous ne seriez pas de cette antique race,
Dont la tige a poussé la cime dans les Cieux,
Vn des traits que Nature a mis sur vostre face,
Vous peut faire adorer des hommes & des Dieux.

Vous estes le pourtrait d'amour, & de la grace,
Vos regards ont des traits si fort imperieux,
Que ie suis estonné comme dans vostre glace,
Vos yeux sans s'aueugler peuuent voir dans vos yeux.

Mais dans ce digne objet de grandeurs nompareilles,
Dans ce corps l'abregé de toutes les merueilles,
Qui rend des plus grands Rois les Septres abbatus.

Pardonnez si ie dis, ô Princesse adorable,
Que tous ces traits diuins n'ont rien de comparable,
Au prés du grand esclat qui brille en vos vertus.

MADAME LA PRINCESSE MARIE disant vn iour à Maistre Adam qu'il ne faisoit plus de vers, il luy fit cette response.

ELEGIE.

PRincesse, l'ornement de ce grand Vniuers
C'est en vain d'esperer que ie fasse des vers,
Ie sens bien que mon ame a changé de coustume,
Et qu'il faut preferer le Rabot à la plume,
C'est vous dire en vn mot pour les vers desormais,
Que voicy les derniers que ie feray iamais,
Pensez-vous que ce soit vne facile chose
Aux rigueurs d'vn yuer de produire vne rose
Et que l'aueuglement du sort qui me conduit
Me puisse faire voir le soleil dans la nuict
Du temps que le soucy ne troubloit point mon ame,
Que la Muse & l'amour me rendoient tout de flame
Que mon Printemps estoit à l'abry des Yuers,
Qu'Apollon me montroit tous ces tresors ouuers.

Et que de sur ce mont qui ce perd dans les nuës,
Les Muses paroissoient à mes yeux toutes nuës.
Princesses dont le Ciel admire les apas
Dedans cette saison que ne faisois-je pas,
Ce pinceau qui me vient des mains de la Nature
A cent fois eu l'honneur de faire vne peinture,
Où vostre teint plus beau que toutes les couleurs
A fait pleurer l'Aurore & fait paslir les fleurs,
Du temps que ie marchois dans ces routes diuines
Où ie cueillois des fleurs qui naissoient sans espines,
Ma Muse sans flatter a dit en mille lieux
Que vostre illustre sang estoit du sang des Dieux,
Et que vostre beauté qui toute autre surmonte,
Surpassoit en Autels la Reine Damatonte,
C'estoit lors que mon ame auroit pris du plaisir
Au deuoir d'obliger vostre noble desir;
Mais non point maintenant qu'elle est toute abatuë
Dedans vn Labirinte où le chagrin la tuë,
Ne se pouuant plus rien imaginer de beau
N'ayant plus pour objet que les vers du Tombeau,
L'aduenir des enfans, le soucy du mesnage,
La crainte de jeuner sur la fin de mon aage,
Ont tant d'authorité sur ma condition
Que mon ame n'a plus aucune ambition,
Qu'à borner seulement mes desirs de l'enuie
De viure en Menuisier le reste de ma vie,

MENVISIER DE NEVERS.

Suiuant du rossignol l'vsage & les leçons,
L'abort de mes petis a fini mes chansons
Puis que pourois-je dire en ce siecle de guerre
Où le sang tous les iours desaltere la terre,
Où la peste, le feu, la famine & le fer,
Traittent les innocens des peines de l'Enfer,
Qu'on ne connoistroit plus parmi tant que nous sommes
Les hommes s'ils n'auoient le visage des hommes,
Et que sans les effets que fait vostre beauté,
La terre n'auroit plus que de la cruauté.
Mon humeur est contraire à ces funestes choses
Ie n'ayme à voir le sang qu'en la couleur des roses,
Et le chant d'vn vieux coq à la pointe du iour
Me plaist mille fois mieux que le bruit d'vn Tambour
Le soufle d'vn Zephir, le frais d'vne fontaine,
L'esmail dont la Nature embellit vne plaine,
Le silence trouble par le bruit d'vn ruisseau,
Vn rocher qui respond au babil d'vn oiseau,
Vn bois où l'ombre vit loing de la violence
De ces regards de feu que le Soleil nous lance.
La Bergere qui mene vn troupeau de brebis
Qui paissent en repos les fleurs que les rubis,
Qui tombent côme pleurs des beaux yeux de l'Aurore
Font naistre le matin dans l'Empire de Flore.
Alors que le Printemps luy donnant des soupirs,
Amour en sa faueur en forme des Zephirs,

Ces champeſtres objets me font plus de matieres
Que ces exploits d'horreur, d'effroy de Cimetieres
Mon inclination ne cherit que la païs
Qu'un Grand n'atende point que i'eſcriue ces fais
Qu'apres qu'il aura fait au meſpris de la crainte,
Ce qu'ont fait vos ayeuls dedans la Terre ſainéte,
Et puis comme ie dis ie ne conçois plus rien,
La Muſe ne m'eſt plus qu'vn faſcheux entretien,
J'ay perdu le beau feu qui brilloit dans mes veines,
Et pour le rallumer mes puiſſances ſont vaines,
Ie voy que mes lauriers ce changent en Cyprés,
Que l'aage me pourſuit trop viuement de prés,
Et que le plus grand bien que fortune m'apreſte,
Eſt de teindre en argent les cheueux de ma teſte,
Et que bien-toſt la mort viendra comme vn Iaſon
D'vn coup ineuitable en rauir la toiſon;
Mais de tous mes ennuis celuy le plus extreſme,
Eſt de voir que l'eſclat d'vn peſant Diadéme,
A tant d'autorité ſur celuy de vos yeux,
Qu'il vous oblige enfin à delaiſſer ces lieux,
Et donner pour iamais contre noſtre eſperance
A la Pologne vn bien le plus beau de la France,
Le iour que l'on me dit que vous deuiez partir,
Ie leus tous les tourmens qu'on fait ſur vn Martir,
Mais ie ne trouue point d'horreur qui ſe compare
A la rigueur du ſort qui de nous vous ſepare,

Madame, si le iour de vostre esloignement,
La douleur ne me met dedans le Monument,
Sans doute le destin qui vous aura rauie,
Aura chassé la mort par l'horreur de ma vie,
Ie ne seray pas seul qu'on verra soupirer
La France aura raison comme moy de pleurer,
Desia son cœur touché d'une douleur amere,
A ce sanglant depart semble vne pauure mere,
Qui ne peut empescher par ces cris superflus,
La perte d'vn enfant qu'elle ne verra plus.
Helas! si mon conseil vous estoit agreable
Que ie pust vous oster ce dessein miserable,
Que ne ferois-je pas afin de vous seruir
Contre la cruauté qui tasche à vous rauir,
Ie vous remontrerois que ce climat barbare
Est indigne de voir vne beauté si rare,
Que ce n'est qu'à regret que le Soleil y luit,
Que le plus beau des iours y vaut moins qu'vne nuict,
Et qu'vne simple fleur que la France nous donne,
Vaut mieux que tout l'esclat qui brille en sa Couronne,
Le Ciel vous veille oster ce rigoureux dessein,
Qu'vn sort injurieux a mis dans vostre sein,
Et que le Polonnois n'ait rien que la peinture
De vos yeux qui nous sont donnez par la Nature,
Qu'il aist vostre portrait qu'on ne peut estimer
Qu'il cherche vn Prometée afin de l'animer,

De moy ie suis content qu'il l'adore à toute heure,
Mais que l'original auec nous demeure,
C'est le diuin objet qui me peut renflamer,
Et rendre à mon esprit l'usage de rimer.

A Mon-

A MONSEIGNEVR DE G.

ELEGIE.

PRodige de constance & de fidelité,
Martir dont la douleur fait la felicité ;
Permet qu'au vif esclat de la diuine flame,
Qui sans l'eau de tes pleurs eust consommé ton ame,
Ie montre dans mes vers les violens efforts
Dont amour sans mourir te donne mille morts
Ie recognois assez que le feu qui te brusle,
Est plus sainct que celuy qui triompha d'Hercule;
Bien qu'en le consommant il eust la qualité
D'en faire d'vn mortel vne Diuinité,
Tu trouues tant d'apas en ta melancolie
Que sans elle ta ioye est comme enseuelie,
Et ie sçay qu'en tes maux te vouloir secourir,
Ce n'est pas te vouloir empescher de mourir,
Ie n'escris pas aussi pour soulager tes peines,
Ta liberté vaut moins mille fois que tes chaines

De ta propre douleur depend ta guerison,
Et si quelqu'vn vouloit te tirer de prison
Par l'effect rigoureux d'vn si barbare office,
Il t'osteroit des fers pour te mettre au supplice.
Exemplaire parfait des plus dignes Amans,
Souffre, puis que tes maux sont tes contentemens,
Laisse meurir le fruict de ta saincte esperance,
Et dans les longs trauaux de ta perseuerance,
Ne fais pas comme font ces imprudens Nochers
Qui menassez des vents, des flots & des Rochers,
Presque desesperez de reuoir leurs riuages
Recherchent leur salut à rompre leurs cordages,
Considere plutost pour flatter tes ennuis
Que les iours les plus beaux sont enfantez des nuicts
Apres des monts de flots on voit des routes calmes
En montrant des Ciprés amour donne des palmes,
Les Yuers ont tousiours precedé les Printemps
Le Zephire paroist en suite des Autans,
Et la Reine des fleurs en ces beautez diuines
A tousiours fait sortir les roses des espines
Bien qu'amour soit conceu des vagues de la mer,
Son breuuage ne peut iamais sembler amer
Que lors qu'vne beauté plaine d'ingratitude,
Triomphe auec mespris de nostre seruitude,
Lors il faut presider sur nos affections,
Et noyer dans l'oubly toutes ces passions,

MENVISIER DE NEVERS.

Qui nous font le butin d'vn objet plain d'audace,
D'vne ame qui nous bruſle, & qui n'eſt que de glace
Iadis ainſi que toy ie ſucé ce poiſon :
Mais la meſme beauté qui m'oſta la raiſon,
Par trop de cruauté me redonna l'vſage
De retourner au port des l'abort de l'orage,
Et dans ce Labirinte où ie m'eſtois rendu,
Ie me vis auſſi-toſt degagé que perdu,
Les rigoureux dedains d'vne belle inhumaine,
Qui faiſoit vanité de rire de ma peine
Me firent eſprouuer qu'il n'eſt rien de ſi cher,
Que d'eſuiter l'eſcueil d'vne ame de rocher,
Et comme vne Meduſe en ſa rigueur cruelle
Son regard dedaigneux me fit roche comme elle.
Mais ce n'eſt pas ainſi que tu dois eſperer
A force de ſoupirs tu fais tout ſoupirer,
Cette diuinité que tu nommes ta ſainte,
De meſme qu'vn Echo va rediſant ta plainte,
Et comme ſes ſoupirs ne vont point paroiſſant,
C'eſt ſa ſaincte pudeur qui les tuë en naiſſant,
Son naturel n'eſt pas barbare ny farouche,
Pour donner à tes vœux des ſentimens de ſouche,
La Nature & les Dieux joignirent leurs efforts,
A luy former les trais & de l'ame & du corps.
Et pour faire admirer leurs faueurs nompareilles,
Ils firent de ſon teint l'abregé des merueilles,

Pour immortaliser cet œuure sans pareil,
Ses beaux yeux en naissant blesserent le Soleil,
Et pour l'acheuement d'vn si parfait Ouurage
La douceur de son cœur esgalla son visage,
I'accorde que ton mal ne se peut esgaller,
Qu'on souffre doublement, quand on ose parler:
Mais ce diuin objet dont ton ame est blessee,
A l'exemple des Dieux lisant dans ta pensee,
Voit son diuin pourtrait que son œil ton vainqueur,
D'vn regard tout bruslant a graué dans ton cœur,
Et voit comme l'amour orgueilleux de tes peines,
Serpente dans le feu qui flote dans tes veines,
Dans cette passion ne m'acorde-tu pas,
Qu'ainsi que le Phœnix tu renais du trepas,
Et que malgré l'ardeur qui te veut mettre en cendre,
Ton ame vit de feu comme la Salemandre,
Tu te plains sans raison qu'incessament tu suis,
Cette diuinité qui cause tes ennuis,
Que le plus grand bon-heur que ta belle te liure,
C'est de considerer son carrosse & le suiure,
Regarde le Soleil en l'ordre de son cours,
Depuis que sa naissance a composé les iours,
Qu'imperceptiblement la belle auancourriere,
Qui trace à ses cheuaux vne humide carriere,
Estalle deuant luy d'vn visage riant,
Les perles qu'elle prend aux riues d'Oriant,

Qu'vn vase de cristal d'asur, d'or & d'iuoire,
Espanche sur les fleurs par les mains de sa gloire.
Voy dis-je si iamais son cours precipité,
L'a pû faire aborder cette Diuinité,
Un ordre que le ciel a mis en la Nature
Ne les joindra iamais que par cette aduenture,
Qui doit à l'aduenir par vn fatal reuers,
Redonner au Cahos l'ame de l'Vniuers,
Si d'vn mesme destin tu suiuois la malice,
Ie tiendrois le trepas plus doux que ton supplice:
Mais i'espere qu'enfin apres tant de douleurs,
Tu cueilleras le fruict dont tu n'as que les fleurs,
Et qu'auant que le temps aist terminé l'année
Les faueurs de l'amour & celles d'Himenée,
Vous ioindront d'vn lien si diuin & si fort,
Que rien ne vous pourra separer que la mort.

LES CHEVILLES DV

Reponse de Maistre Adam à vn certain amy qui luy conseilloit de ne plus faire de vers, mais de suiure l'vsage du Rabot seulement.

EPISTRE.

Damon Ie suis resous de suiure le Parnasse,
Si Homere iadis a porté la besasse,
Les freres ****** d'aussi bon lieu que luy,
Rencontre du profit à la prendre auiourd'huy
Et bien qu'ils soiët sortis d'vn grand & saint Hermite,
Sans elle ils trouuerroient vne maigre marmite,
Le vice n'est pas grand de ne posseder rien,
Vn homme de vertu ne manque pas de bien;
I'en trouueray tousiours assez dans ma boutique,
Suiuant de mon Rabot la premiere pratique,
Mais pourtant tu sçauras que ie n'aprouue point,
Ny que ie ne veux pas t'obeïr sur ce poinct,
D'abandonner ce bien où Phœbus me conuie,
Qui me met dans le Ciel sans delaisser la vie
Tant que mon ame aura la diuine chaleur,
Qui des fais d'vn Heros peut chanter la valeur,

MENVISIER DE NEVERS.

Ie n'abuseray pas d'vne flame si digne,
Au contraire ie veux en imitant le Cigne,
Benissant la faueur de la Muse & du sort
Redire mes chansons dans les bras de la mort,
Ce n'est pas que pourtant d'vne plume Hypocrite,
Ie fasse d'vn marault vn homme de merite;
Tu retiendras de moy cet aduertissement,
Que ie n'approuue point ce diuertissement,
Que ie verray plutost la famine à ma porte,
Que de souffrir le sort me traiter de la sorte,
Si d'vn peinceau parlant quelque fois sur l'Autel,
Ie peints de mille attraits la gloire d'vn mortel,
Il faut auparauant qu'elle soit estimée
Des yeux de l'Vniuers & de la renommée,
C'est ainsi cher Damon que ie vis à la Cour,
Sans que de mon Rabot i'abandonne l'amour,
Au contraire l'ardeur de ma veine eschauffee
A l'imitation d'Amphion & d'Orphee,
Qui tiroient les forests du charme de leurs vois,
La mienne a fait venir vn magasin de bois,
Que si ie ne deuiens bien-tost paralitique,
Ploira desous mes bras dedans vne Boutique,
En vn mot, tout l'Yuer ie m'en vais Raboter :
Mais lors que ces frimas viendront a nous quitter,

Qu'on reuera les fleurs que sa rigueur derobe,
Que Flore remetra de l'esmail sur sa robe,
Ie jure qu'en depit des Critiques censeurs,
Ie retourneray voir le sejour de neuf sœurs,
Où les importunant d'vne nouuelle flame,
Ie feray sur leur mont vn bouquet pour Madame,
C'est pour elle qu'on doit dignement discourir
D'autant que sa beauté ne doit iamais perir,
Puis que quelque rigueur dont l'Yuer nous outrage,
La Nature a tousiours des fleurs sur son visage,
Les œillets & les lys y sont tousiours semez,
Prés d'elle les rochers deuiendroient animez,
Et ie croy la voyant que ce n'est qu'vn vieux conte.
Ce que des temps passez Ouide nous raconte,
Que les Dieux autrefois pour des moindres apas
Ont Metamorphosé leur figure icy bas,
S'il estoit vray semblable en la voyant si belle,
Ils seroient tous en serfs enchesnez auprés d'elle,
I'espere quelque iour autant de sa bonté,
Que la France auiourd'huy pretend de sa beauté,
Tu sçais sans plus parler ce que ie te veux dire,
Que le puissant Demon qui regit cet empire,
Par elle nous promet vn Himen adoré
Qui nous fera reuoir le vieux siecle doré,

Tu

MENVISIER DE NEVERS.

Tu sçais aussi que cette ame Royale
M'a promis la faueur de m'estre liberalle;
Tu sçais que sans cela ie ne puis m'animer,
Qu'auecque vn peu de bien ie sçaurois mieux rimer;
Que si le Dieu des vers charme de sa parole,
C'est qu'il s'est fait vn lict du sable de Pactolle,
Qui fait qu'à son leuer tous les iours nous voyons
Sortir d'vn trosne d'or l'esclat de ses rayons.
Ie me suis arresté dessus cette esperance,
Que sa promesse vn iour finira ma souffrance,
Que les Grands, qui des Dieux sont icy bas commis,
Ne peuuent reuoquer apres qu'ils ont promis.
Or attendant ce bien Damon, ie te conuie
De m'escrire comment tu gouuernes ta vie;
Si ton esprit qui n'est que tout noble & Diuin,
Peut cherir vn climat où l'on manque de vin,
De moy, mon cher amy, sur ma foy ie t'asseure,
Que i'ay tant d'amitié pour cette nourriture,
Que me d'eust on blâmer de manque de deuoir,
Si tu ne viens icy, ie ne t'iray point voir.

LES CHEVILLES DV

MADAME LA PRINCESSE MARIE ESTANT A POVGVES,

COMMANDA A MAISTRE ADAM de faire des vers pour Madame de Liancour, qui prenoit des eaux auec elle: Il eſcriuit ces Stances

STANCES.

Accablé ſous le joug de cent ſoucis diuers,
Dont vn mauuais deſtin peruertit ma nature,
I'auois fait vn ſerment d'abandonner les vers,
Iuſqu'à tant que la mort par vn commun reuers
Me les feroit trouuer dedans la ſepulture.

Mais d'abord que i'ay ſceu tant de perfections
Qui vous font exceller ſur celles de cét âge,
I'ay retardé le cours de mes intentions;
Et vos vertus ont fait naiſtre des Alcions
Qui me font rembarquer au meſpris de l'orage.

Si tost que ma Princesse eut fait commandement
De faire quelque vers deubs à vostre loüange,
Ma raison dit soudain à mon entendement,
Que le Ciel m'ordonnoit de fausser mon serment,
Puis qu'il me le mandoit par la bouche d'vn Ange.

D'vn discours que le Ciel eust mesme reueré,
Et qui remit mes sens dans leur premier vsage,
Cette Reine des cœurs me rendit asseuré,
Que vostre esprit estoit digne d'estre adoré,
Auecque autant d'amour que vostre beau visage.

Qu'en sagesse il passoit les Dieux & les mortels,
Que sa prudence vn iour embelliroit l'Histoire,
Qu'il possedoit des fruits dont les charmes sont tels,
Qu'elle se promettoit de luy voir des Autels,
Qui ne seroient bâtis que des mains de la Gloire.

Mais dedans son discours vn des traits le plus beau,
C'est la grandeur du sang d'où vous tirez vostre estre,
Que ce Diuin Soleil, aux rais de son flambeau,
Fit connestre à mes yeux la pompe du Tombeau,
Où dort ce grand Heros sous qui Dieu vous fit naistre.

LES CHEVILLES DV

Ma Muse sans flater peut dire en ses accords,
Qu'il seruit aux François de rampart & d'asyle,
Que Mars eust succombé sous ses vaillans efforts,
Et qu'il fit admirer dedans vn mesme corps,
Le conseil de Nestor, & la valeur d'Achille.

Quand la Parque eut coupé de sa fatale main,
Son fil d'or qui seruoit de digue à sa Patrie,
La France ressentit par ce coup inhumain,
La pareille douleur qu'eût l'Empire Romain,
En la perte qu'il fit du genereux Decie.

Mais quelque cruauté d'iniustice & de fiel
Dont vn mauuais Destin ait assouuy sa rage,
Plein de Gloire & d'Honneurs il boit dedans le Ciel
A la table des Dieux le Nectar & le Miel,
Qu'on ne verse qu'à ceux qui suiuent son courage.

Vous qu'il nous delaissa comme vn don precieux,
Pour rendre la tristesse en nos cœurs dissipée,
Qui viuez icy bas comme il vit dans les Cieux,
Et qui montrez qu'Amour a mis dans vos beaux yeux
Ce que Mars auoit mis au bout de son espée.

MENVISIER DE NEVERS.

Ie vous offre ces vers dans l'espoir que le temps,
La Muse & mon Rabot me feront vne Lire,
Sur qui ie chanteré par des sons esclatans,
Bien mieux que dans ces vers les fleurs & le Printemps
Dont vos rares Vertus ont orné cét Empire.

MAISTRE ADAM ALLANT A NANTES,

Paſſant par Amboiſe, vid Monſeigneur le Preſident de B   qui luy fit promettre de le venir reuoir à ſon retour. Mais comme il fut preſſé de retourner à Neuers, il luy eſcriuit ce mot de Lettre de chez Monſieur l'Abbé de Ville-loing.

MONSEIGNEVR, par ces vers icy
Vous ſçaurez qu'vn faſcheux ſoucy
Qui d'heure en autre m'accompagne,
De ſçauoir que fait ma Compagne,
Me fait auec iuſte raiſon,
Retourner dedans ma maiſon;
Par ainſi ie perdray la gloire
De retourner aux bords de Loire,
Pour m'acquiter de ce deuoir
Qui m'obligeoit à vous reuoir.
Quoy qu'il en ſoit, ie vous coniure
De croire qu'en cette aduanture,
Ce n'eſt pas manque de reſpect,
Ny la crainte d'eſtre ſuſpect,
Qui me prouoque & qui m'inſpire,
A m'en aller ſans vous rien dire.

MENVISIER DE NEVERS.

L'Illustre Abbé de Vil★★★
Est irreprochable tesmoin
De la sainte Amour que ie porte,
Aux grands hommes de vostre sorte,
Qui malgré le siecle tortu,
Font des Autels à la Vertu;
Vous sçaurez de cét homme braue,
Comme du meilleur de sa Caue
Nous auons mille fois porté
Des brindes à vostre santé,
Que tout le monde vous souhaite;
Voila ce qu'vn pauure Poëte
Vous desire d'aussi bon cœur,
Comme il est vostre Seruiteur.

LES CHEVILLES D...
A SON ALTESSE
ROYALE,
ESTANT AVX BAINS DE BOVRBON
L'ARCHAMBAVT.
SONNET.

Atlas sur qui l'Estat fonde son esperance,
Prince dont mille Roys ont esté les ayeux,
Quelle iniuste douleur t'oblige dans ces lieux,
A perir dedans l'eau sa barbare licence.

Ton Frere ainsi que toy sorty du sang des Dieux,
Tout courbé sous le faix des Lauriers de la France,
Par des bouches de feu maistrisant la souffrance,
Esgalle son Empire à la gloire des Cieux.

Que dis-tu, ma raison en pareille aduanture
De voir deux Elemens de contraire nature,
Par differens accords faire vn effet si beau,

Ne m'accordes-tu pas, que ce qu'on peut resoudre
Est qu'imitant Iupin mon Roy vit par la Foudre,
Et qu'ainsi que Neptun son Frere vit par l'Eau.

A MONSIEVR

EPITAPHE
Pour mettre sur le Tombeau
DE MONSIEVR BOVLACRE,
Lieutenant General au Bailliage & Pairie de Niuernois, &c.

Corruptible mortel, aprens à te resoudre
A ne point murmurer au partir de ces lieux,
Puis que l'Illustre Henry n'est plus qu'vn peu de poudre,
Luy qui fut en viuant vn miracle à nos yeux;
Croy que si les Vertus pouuoient flechir l'Enuie
Qui fait agir les Loix de la Parque & du Sort,
L'incomparable cours d'vne si belle vie,
N'auroit iamais passé par les mains de la mort.

   Cette inuincible horreur qui range toutes choses
Sous la necessité de ces barbares Loys,
Et dont l'arrest sanglant en ces Metamorphoses,
Fait vne esgalité des Bergers & des Roys,
Apres auoir fillé de si belles années,
A ce corps qui parut l'ornement de nos iours;
Mourons sans murmurer contre ces Destinées,
Puis que leur inconstance en a rompu le cours.

Cher Henry, tu deuois par des droits legitimes,
Posseder des faueurs que nous n'esperons pas:
Car comme tes biens-faits ont surmonté les crimes,
De mesme tu deuois surmonter le trépas.
Fameux & grand flambeau de Iustice & de Gloire,
Dont la splendeur esteinte a fait naistre mes vers,
Tu deuois bien durer autant que ta Memoire,
Qui ne perira point qu'auecque l'Vniuers.

Cét Astre dont la flâme estincellante & pure,
Aueugle à son resueil tous les Astres des Cieux,
Et sans qui les tresors qu'étale la Nature,
Seroient à nos regards des objets odieux.
Ce vagabond flambeau dans sa cource adorable,
R'animant l'Vniuers, a t'il rien fait de beau,
Que ton Diuin esclat ne luy fust comparable,
Auant qu'il fust esteint par la nuit du Tombeau.

MENVISIER DE NEVERS.

Ce miracle visible en se leuant de l'onde,
Efface de la nuit les lugubres couleurs,
Et par vn grand effet qui restablit le monde,
Rend la vie à la terre, & la naissance aux fleurs.
Il regle les saisons par l'ordre de ces veilles,
Tous les autres flambeaux vers luy n'ont point de lieu,
Et ces Diuins rayons sont autant de merueilles,
Qui montrent les effets des miracles de Dieu.

Ainsi quand tu viuois d'vne mesme puissance,
Tes iugemens perçoient dans la plus sombre nuit,
Et les fleurs qui naissoient de ta belle Eloquence,
Ne cedoient point aux fleurs que cét Astre produit;
Tes veilles n'aspiroient qu'à détruire le vice,
Ton bras parut tousiours l'appuy de l'innocent,
Et tu n'as iamais fait vn acte de Iustice,
Que pour faire esclater celle du Tout-puissant.

Mais tu n'est plus viuant que par ta renommée,
Qui brauant du trépas le funeste appareil,
De tes hautes vertus se voyant animée,
Durera plus long-temps que le cours du Soleil:
Car dans ce dernier iour où Dieu viendra parestre,
La grandeur de la foy m'aprend à discourir,
Que le Soleil verra le retour de ton estre,
Alors qu'il se verra sur le point de mourir.

C'est lors que ton esprit ranimant cette cendre,
Dont se pare l'horreur de ce froid monument,
Par vn decret Diuin que Dieu seul peut comprendre,
Ira voir la Nature en son dernier moment;
C'est lors que delaissant cette demeure sombre,
La Parque n'ayant plus que de foibles efforts,
Vers ce Iuge equitable on te prendra pour l'ombre,
Dont sa Diuinité composera le corps.

MENVISIER DE NEVERS.

RESPONSE A MONSIEVR DE GERARD,
CAPITAINE D'VN VAISSEAV
du Roy dans l'Armée Nauale à Toulon.

EPISTRE.

Qve veux-tu que i'escriue en l'estat où ie suis,
Depuis que ton absence eut causé mes ennuis,
Que de nostre Couuent ie quitte la marmite
De frere Petuneur, ie me suis fait Hermite,
Ie vis dans vn climat loing du monde & du bruit,
Où Bacus seulement me conseille & m'instruit
A tirer tous les iours d'vne Pipe allumée,
L'encens que mon naseau soufle à ta renommée,
Ie n'ay point delaissé l'vsage du tobat,
Plus fumeux qu'vn Sorcier qui reuient du Sabat;
Et ce lieu solitaire où mon Destin me range,
Dedans mon souuenir tu passes pour mon Ange.
Si i'auois le pouuoir de saisir au collet
Ce cheuillu Cheual qui fut à Pacollet,

LES CHEVILLES D.V.

Ie veux bien à iamais passer pour vn *** dase,
Si pour t'aller trouuer ie ne quittois Pegase ;
Ne voulant point monter cet emplumé cheual,
Que lors que ie voudray courir à l'Hospital,
Où tout rosse qu'il est incessamment il menne,
Les plus grans fauoris des Nimphes d'Hipocrene ;
Ma bouche t'exprimant l'ardeur de mon esprit,
T'entretiendroit bien plus que ne fait cet escrit ;
Puis que le grand Abbé l'appuy de nostre gloire,
Trouue vn crime en disant quatre lignes sans boire.
O que la coupe en main ie te dirois souuent,
Frere, pour obseruer les regles du Couuent,
Disons que tout l'esclat des grandeurs de la Terre
Est moindre à nos desirs que la pompe d'vn Verre,
Où Nature feconde en son pouuoir Diuin,
Fait briller la santé dans la liqueur du Vin ;
Malgré l'ambition qui gouuerne ton ame,
Et qui dans le mespris du fer & de la flâme,
Oblige ta valeur à rechercher le sort,
Qui rend l'homme immortel par les mains de la mort ;
Ie te peindrois si bien ma Solitude sainte,
Où le contentement de vuider vne peinte,
Esgale pour le moins celuy qu'en ton vaisseau,
Tu prends lors qu'il le faut en faire espuiser l'eau ;
Qu'à moins que d'auoir pris l'vsage & la fortune,
Du Batard qu'Anphitrite a conceu de Neptune,

MENVISIER DE NEVERS.

Tu sentirois regner en ton ame vn desir
Qui t'y feroit venir partager mon plaisir,
Ie connois ton humeur si douce & si charmante,
Qu'encore que celuy qui baisa Bradamante
Dans les plaines de Mars eust moins que toy valut
Tu ne denirois pas ce bien à ton salut,
Tu trouuerois sans doute en ce lieu solitaire,
Suiuant ma passion, dequoy te satisfaire.
La Cour ne paroist point dans ce paisible lieu,
La misere du temps ny fait point iurer Dieu,
Et l'aueugle Fortune en sa fatale pompe,
Ne fait point luire icy l'ardant dont elle trompe.
I'ay sauué mon vaisseau de ces funestes vans,
Et comme i'ay le nom du premier des viuans,
De crainte d'offencer le principe de l'estre,
Me voulant conseruer ce Paradis terrestre,
I'ay banny d'auec moy d'vn effort mutiné,
La femme dont Hymen m'auoit embeguiné,
Dépestré des liens de ce nuisible encombre,
Ie marche seulement assisté de mon ombre :
Encore me nuit-elle en ces gestes diuers,
Au branle de la main dont ie t'escris ces vers,
Que ie destine au feu s'ils manquent de puissance,
De m'y faire iouïr de ta douce presence.
Icy l'horrible effroy de l'Empire des flots,
N'a iamais fait blemir le front des Matelots;

Et ce vaisseau fameux où ta valeur commande,
Sur le second amas d'une argaunifte bande,
N'a rien comme ce lieu pour charmer ma raison,
Quand mesme tu voudrois m'en faire le jason.
Voila ce que ie puis pour le prefent t'efcrire,
Vn iour que mon Phebus aura mieux dequoy frire,
Ie iure le poinffon vers qui ie fuis couché,
Ie iure fa liqueur qui ma fi bien touché;
Bref ie iure ce Dieu qui n'aquit d'vne cuiffe,
Vn iour que Iupiter eftoit fou comme vn Suiffe,
Que ie peindray fi bien ta gloire dans mes vers,
Qu'on ne trouuera pas encore en l'Vniuers,
Dans le nombre infiny des pouffeurs de Varlope,
Vn qui foit plus que moy chery de Caliope.
Adieu Frere, l'honneur de tout le genre humain,
Le fommeil ma faifi la pipe dans la main;
Et tout ce que ie puis, c'eft d'achever de mettre
Tres-humble feruiteur au bout de cette Lettre.

A Monsieur de Beausonnet sur ses vers des grands feux de joye faits à Reims, à la naissance de Monseigneur le Dauphin, & sur la saincte Ampoulle gardée en la mesme ville.

SONNET.

CEs feux où tu depeins l'amour de ton pays,
Où Reims montre à son Roy le zele qui l'enflame,
N'auroient sans la clarté des beaux feux de ton ame
Rendu comme ils ont fait cent peuples ébahis.

En admirant tes vers mes yeux sont éblouis,
Pour y voir deux Soleils faire vne mesme flame,
L'vn procedant du Dieu que ta Muse reclame,
Et l'autre de l'éclat du grand fils de Louis.

Reims peut donc se vanter d'auoir en sa closture,
De mesme que des Cieux vn don de la Nature,
Ayant l'Empoulle sainte & tes vers pleins d'appas.

Si Reims garde à nos Rois l'Onction de leur estre,
Ta Muse d'autre part fait assez reconnoistre
Qu'elle peut garantir leur renom du trepas.

A Monsieur de Marolles, Abbé de Villeloing.

SONNET ACROSTICHE.

Merueille des esprits dont la feconde plume
Iamais ne se repose, & d'vn vol sans pareil,
Composant tous les iours la beauté d'vn Volume,
Honore l'Vniuers à l'esgal du Soleil.

Entre tous ces sçauans qui du Dieu du sommeil
Laissent aux demis morts son oisiue coûtume,
De leurs trais plus diuins l'immortel apareil,
Esgale-t'il l'ardeur du beau feu qui t'allume?

Mille caiers diuers sont autant de tesmoins,
Auec qui ton sçauoir d'infatigables soins,
Releue des defuncts la memoire abatuë.

On te voit tous les iours d'vn prodige nouueau,
Leuer à ton renom vne viue statuë
En tirant vn Heros de la nuict du Tombeau.

MENVISIER DE NEVERS.

Maistre Adam ayant fait vn plancher dans la Maison d'vne grande Dame, pour auoir mis trop de temps à la besongne, le fit atendre long-temps au payement, dont il luy fit ces vers.

I'Accorde qu'en faisant trop durer vostre ouurage
  Ie vous ay fait outrage ;
Mais ce n'est pas aussi me vouloir pardonner
  De ne m'en rien donner.
Que si mon mauuais sort empesche vostre Altesse
  De me faire largesse,
Qu'elle me fasse au moins ce miserable bien
  Que l'on ne m'oste rien,
I'auois pris vn dessein de tracer vne Histoire,
  Où la main de la gloire
Rendroit par mon peinceau vos atrais adorés
  De mille trais dorés,
Mais le moyen de peindre vne si digne chose
  Comme ie le propose,
Veu que ie n'ay point d'or pour ces trais precieux,
  Que dans le blanc des yeux,

Mais, Madame, il n'est pas d'assez bonne Nature
    Pour orner ma peinture,
Il est trop peu luisant, & trop semblable aussi
    A la fleur du soucy,
Il en faudroit un peu de celuy de ce coffre,
    Que fortune vous offre,
Et qui fait qu'aujourd'huy l'on fleschy les genoux
    En s'approchant de vous,
Ne trouuez pas mauuais si parlant de la sorte
    La fureur me transporte,
Le plus grand ennemy qu'aist la felicité,
    C'est la necessité,
Le Roy va conquerir l'Empire de la terre
    Par une iuste guerre,
Pourtant il manqueroit d'estre assez diligent,
    S'il n'auoit point d'argent,
C'est ce traitre metail dans ce siecle où nous sommes,
    Qui fait priser les hommes,
C'est luy qui charme tout, & sans qui la vertu
    Ne vaut pas un festu,
C'est ce brutal Demon qui me force décrire
    Pour vous prier de dire
A Monsieur l'Argentier de ne point retrancher
    L'argent de mon plancher.

Maistre Adam ayant fait les vers d'vn Ballet, qu'vn certain Comte luy auoit commandé, qui luy auoit promis qu'à son retour de la campagne il satisferoit l'Imprimeur, luy & le violon, ce que ne faisant pas, il leur escriuit cette Epigrame.

EPIGRAME.

Messieurs, le Comte est arriué,
Mais pour donner de la pecune,
Il s'y connoist moins qu'Ariué
Ne se connoissoit à la Lune,
C'est à dire que l'Imprimeur,
Le violon & le rimeur
N'auront ny debat ny mécompte,
Que si pour viure à son plaisir,
Vn homme doit trouuer son compte,
Nous auons sceu fort mal choisir.

Conseil à vn certain Vicomte amoureux d'vne grande Dame.

Vicomte cesse d'esperer
L'objet qui te fait soußpirer,
S'irite de la violence
Qui t'a fait rompre ton silence,
Tous tes desirs sont superflus,
Si tu me croy ne parle plus,
Et pour te donner vn remede
Contre le mal qui te possede,
Montre par vn dernier effort,
Que le noir sejour de la mort,
Est le lieu le plus secourable
Que puisse auoir vn miserable,
Quand vn cœur est bien enflamé,
Qu'il aime & ne peut estre aimé.
Ie mepriscrois son courage
Si pour surmonter cet outrage,
(Genereux) il n'euitoit pas,
Par vne mort mille trepas,
Ce doit estre vn plaisir à l'ame,
Lors que le corps est tout de flame,
De rencontrer sa guerison
Dans le debris de sa prison,

MENVISIER DE NEVERS.

Quand elle est par trop aseruie,
Sous vne languissante vie,
Elle peut auec liberté
Sortir de sa captiuité,
Et par vne fin genereuse
Esteindre sa flame amoureuse,
Dans les flots de son propre sang,
Qui sont à bien dire vn estang,
Dont elle peut rompre la bonde,
Quand elle deuient furibonde.
Ie sçay que cent mille combats,
Où iamais tu ne sucombas,
Sont escris des mains de la gloire,
Aux plus beaux endroits de l'Histoire:
Mais V'icomte aussi ie sçay bien,
Que tous ces exploits ne font rien,
Pour vaincre l'orgueil de la sainte,
Qui fait le sujet de ta plainte,
Ainsi voyant que la rigueur,
Dont elle entretient ta langueur,
Fait vanité de te poursuiure,
Ie te conseille à ne plus viure,
C'est vne impossibilité
Que iamais ta fidelité,
La puisse obliger ny contraindre
De t'oster l'vsage de plaindre,

Ton martire a beau t'exceder,
Son cœur ne se peut posseder,
C'est vn rocher inaccessible
Qui d'vne Nature insensible,
Enuironé de mille escueils
Ne fait trouuer que des cercueils,
A ceux qui l'ont pris pour refuge
Dedans vn amoureux deluge,
Ces yeux diuins, & sans pareils,
Sont pour bien dire deux Soleils,
Qui remplis de douceurs barbares,
Ont fait submerger cent Icares,
Qu'amour auoit fait hazarder,
Au dessein de les aborder,
Cette merueille sans seconde,
Afin d'obliger tout le monde,
A chaque minute du iour,
Donne à mille cœurs de l'amour:
Mais contre elle-mesme cruelle,
Elle n'en prend iamais pour elle,
C'est pourquoy pour te conseiller,
Dans l'ardeur qui te fait brusler,
Souffre que ta perseuerance
Perde auiourd'huy toute esperance,
Et d'vn courage genereux
Desesperé comme amoureux,

MENVISIER DE NEVERS.

Va chercher dans ta sepulture
Le remede de ta blessure.

A vn mauuais Peintre qui faisoit le pourtrait d'vne belle Dame, qui dit à Maistre Adam qu'il l'importunoit de le regarder trauailler.

EPIGRAME.

PEintre qui te dis sans pareil
Il faut pour dauber sur ta Malle,
Monstrer qu'à peindre ce Soleil,
Tu n'est rien qu'vn Peintre de Balle,
Retire toy sot ignorand,
Ton sçauoir n'est pas assez grand,
Pour comprendre tant de merueilles
Chacun te donne du dessous,
D'autant qu'vn miroir de deux sous
Fera plus que toutes tes veilles.

CHANSON BACHIQVE.

Que Phœbus soit dedans l'onde
Ou dans son oblique tour,
Ie Bois touſiours à la ronde,
Le vin est tout mon amour,
Soldat du fils de Semelle,
Tout le tourment qui me poinct,
C'est quand mon ventre groumelle,
Faute de ne Boire poinct.

Auſſi-tost que la lumiere
Vient redorer les coteaux,
Pouſſé d'vn desir de Boire,
Ie carreſſe les tonneaux,
Rauy de reuoir l'Aurore,
Le verre en main ie luy dis,
Voit-on plus au riue more
Que sur mon Nez de Rubis.

Si quelque iour estant yure,
La Parque areste mes pas,
Ie ne veux point pour reuiure
Quitter vn si doux trepas,
Ie m'en iray dans l'Auerne
Faire enniurer Alecton,
Et planteray ma tauerne
Dans la Chambre de Pluton.

Le plus grand de la Terre,
Quand ie suis au trepas,
S'il m'anonçoit la guerre
Il n'y gagneroit pas.
Iamais ie ne m'estonne,
Et ie croy quand ie boy
Que si Iupiter tonne,
C'est qu'il a peur de moy.

La nuit n'est poinct chassée,
Par l'vnique flambeau,
Qu'aussi-tost ma pensée
Est de voir vn tonneau,
Et luy tirant la bonde,
Ie demande au Soleil,
As-tu beu dedans l'Onde,
D'vn Element pareil.

Si l'humide partie
Du ſejour des poiſſons
Alloit en ſimpatie
Au ius de nos poinſons,
Sans doute mon courage
Ne pourroit s'empeſcher
D'aller faire naufrage
Contre quelque Rocher.

Diſons donc camarades,
Que le ius du Serment
Peut chaſſer des malades
L'horreur du monument,
Que la plus douce guerre
Qui flate l'inteſtin,
C'eſt le tintin du verre
Et boire le matin.

De ce nectar delectable
Les damnez eſtans vaincus,
Ie feray chanter au Diable,
La Muſique de Bacus,
I'apaiſeray de Tantale,
La grande Alteration,
Et quittant l'Onde infernale
Viendra boire à Ixtion.

CHANSON BACHIQVE.

Qvitons ſe ſoin auare
De nos ans le Bourreau,
Et qui d'vn fer barbare
Nous creuſe le Tombeau,
Et n'ayons plus d'enuie,
Que d'honorer Bacus,
Puis qu'en perdant la vie
Nous perdons nos eſcus.

Si la Parque inhumaine,
Souffroit pour de l'argent,
De quinzaine à quinzaine
Comme fait vn Sergent,
Pour viure dauantage,
Ie ſerrerois du bien,
Mais nargue du meſnage,
Puis qu'il ne ſert de rien.

Vers pour vn Ballet qui fut dansé en Caresme le iour des Brandons, où est representé des Dames qui sortent des Enfers.

AVX DAMES.

Nous sortons de ces lieux où la rigueur du sort
Oblige nos esprits aux rigueurs de la flame,
Où preside la nuict, où le Soleil est mort,
Où nous ne recherchons que la fin de nostre ame.

Nous sommes retournez en ces terrestres lieux
En ce temps que chacun court à la penitence,
Pour voir si les Damnez pourroient tirer des Dieux,
Le bien qu'ils ont promis dedans la repentance.

Mais au premier abord que vos diuins apas
Nous ont fait voir en vous les atrais de l'Aurore,
Nous nous sommes dedis, car nous ne craindrions pas
sçachant vous posseder à nous donner encore.

Nous prendrions du plaisir au millieu de nos fers
Nos Demons quiteroient leurs fureurs & leurs rages
Si l'on voyoit parestre au millieu des Enfers,
La douceur que l'on voit luire sur vos visages.

MENVISIER DE NEVERS.

Alors nous banirions noſtre cruel ſoucy,
Sur nous le deſeſpoir n'auroit plus de puiſſance,
Et dedans vn Ballet meilleur que celuy-cy,
Nous vous apprendrions bien vne plus belle dance.

Vers de Ballet pour les Dames.

L'ESPRIT DE TANTALE.

AVX DAMES.

IE ſuis ce deteſtable & mal-heureux Tantale,
 Que l'Auarice a mis au poinct,
D'eſtre iuſqu'au menton dedans l'Onde infernale,
 Qui meurt de ſoif, & ne boit point,
Mes Dames, ſi le Ciel pour finir mon tourment
 Me rendoit mon humaine cource,
Afin de le gagner, tout mon contentement
 Seroit à remplir voſtre bource.

LES CHEVILLES DV

L'ESPRIT DE NEMBROC.

AVX DAMES.

MOn dessein autrefois d'vn faste audacieux,
Au plus puissant des Dieux voulut faire la guerre
Mais ie n'ay rencontré voulant monter aux Cieux,
Que ce que Lucifer a trouué dans la terre.

Cependant auiourd'huy que ie reuois le iour
Par l'esclat de vos yeux que le Soleil surmonte,
Mes Dames vous pouuez m'obliger si ie monte
Sur vn lieu qui vaut bien le sommet de ma tour.

L'ESPRIT DE CAÏN.

AVX DAMES.

C'Eſt moy de qui jadis la deteſtable enuie
Fit voir à l'innocent ſon courage inhumain,
Et qui du coup fatal de ma barbare main
Fis vomir à mon frere & le ſang & la vie.

Auiourd'huy que Caron ma repaſſé le port
Si mon mauuais deſſein me veut touſiours pourſuiure,
Meſdames i'ay dequoy vous donner vne mort
Qui vous empeſchera le deſir de reuiure,

Q 9

LES CHEVILLES DV

L'ESPRIT DE AMON.

AVX DAMES.

Amour se fit si bien de mon cœur possesseur,
Et m'enflama si fort de son feu de luxure,
Qu'il força iusques-là ma brutale nature
Que d'aller rechercher la couche de ma sœur,

Si jadis ce plaisir me ressembla si doux
Qu'il me fist trebucher dans ce poinct deshonneste,
Je vous laisse à penser ayant fait cet inceste,
Ce qu'on ne feroit pas estant auecque vous.

L'ESPRIT D'ATIA SERVILIVS.
AVX DAMES.

Ici ie represente vn esprit de paresse
Qu'on accuse d'auoir trop aimé le repos :
Mais si quelqu'vne veut éprouuer ma vitesse,
On verra que ie suis damné mal à propos.

CARON.
AVX DAMES.

Ie suis ce vieux nocher dont les seueres lois
Font payer aux mortels le tribut de la Parque,
Qui passe également dans sa fatale barque
Pour vn semblable prix les bouuiers & les Rois
Qui vous inuiteroit à voir nos tristes borts
Si vous n'aimiés bien mieux voir les vis que les morts.

Maistre Adam ayant appris que Monsieur Ianuier
son intime amy s'en alloit à l'armée, il
luy escriuit cette Epistre.

EPISTRE.

AMY, des amis le plus digne,
Dont l'ame plus blanche qu'vn Cigne
Sans fard a tousiours combatu
Pour l'interest de la vertu.
Se peut-il qu'auiourd'huy ie croye
Que tu veuilles troubler ma ioye ?
Qu'esclaue du Dieu des combas
Tu suiues les sanglans esbas
Dont le Ciel afflige la terre
Par les outrages de la guerre ?
D'où te peut venir ce dessein ?
Quel demon regne dans ton sein ?
Aurois-tu point bu dans la coupe
De quelque fanfaron de troupe
Qui t'auroit (en suçant son mal)
Ainsi que luy fait animal ?

Mon ame ose-t'elle bien croire
Que par vn defaut de memoire
Tu vueille fausser le serment
Que nous fismes ensemblement?
Lors qu'vn iour sur les bords de Seine
Ton ame encore pure & saine
N'auoit pas succé ce poison
Qui te fait perdre la raison?
Que nous pestions contre les hommes
Qui dans l'affreux siecle où nous sommes
Suiuent les tragiques façons
Des poissons contre les poissons?
Quelle ambition te gouuerne?
Quel noir ministre de lauerne
T'a mis par vne aueugle erreur
A la suite de sa fureur?
Quand l'Ange qui tout me reuelle
M'eut annoncé cette nouuelle,
Ie vis naistre vn gouffre d'ennuis
Dans la sollitude où ie suis,
Qui par leur fatale naissance,
Dissiperent la connoissance
Des charmes, que parmy ces lieux
La nature estalle à nos yeux.
Vne noire melancolie
Rendit mon ame enseuelie,

Les fleurs, les prés, les bois, les eaux;
Le doux murmure des oiseaux,
Le silence, Flore & Zephyre
Ne purent finir mon martyre :
Et par cette infidelité,
Ie rompis la ciuilité
Que ie deuois à ta personne,
Auant que la fiere Bellonne
Eust du venin de sa rumeur
Empoisonné ta belle humeur.
Pourtant ie t'écris cette lettre
Dans le dessein de te remettre,
Et t'arracher la passion
Qui destruit l'inclination,
Où ton ame estoit adonnée
Pour le bien de ta destinée.
Ie t'aimerois mieux porte-faix
Parmy les douceurs de la paix,
Que te voir Prince de la terre,
Parmy les horreurs de la guerre
Si peu de temps que le Soleil
Nous fasse voir son appareil,
Goustons le repos de la vie,
Loin de cette funeste enuie
Qui s'allumant dedans nos sens,
Peint du sang de mille innocens,

MENVISIER DE NEVERS.

Par des projets illegitimes,
La brutalité de nos crimes.
Quand le moteur de l'Vniuers
De mille atrais beaux & diuers,
Fit la nompareille peinture
De l'olympe & de la nature,
Je tiens que son intention
N'estoit pas que l'ambition
Rendist les Prouinces desertes,
Par les irreparables pertes
Dont ce noir fantosme d'horreur
Nourrit sa barbare fureur.
Quand le fils de ce premier homme
Qui fit tant de mal d'vne pomme
Eut d'vne sacrilege main
Fait vomir l'ame à son germain;
La nompareille intelligence
N'en prit-t'elle pas la vengeance?
Pour monstrer qu'elle ne veut pas
Que la dure loy du trépas
Triomphe des droits de la vie
Par la puissance de l'enuie.
Si tu me crois retire toy
Du ioug de cette inique loy,
Et me viens voir aux bords de Loire
Où Bacchus estalle sa gloire.

Sur l'aspect d'vn côteau diuin
Qui m'a produit vn muid de vin;
Dont i'estime plus la fumée
Que toute celle d'vne armée.
C'est en ce lieu que mes plaisirs
Auroient surmonté mes desirs,
Si la passion inhumaine
D'vn monstre qui dans vn domaine
Passeroit mieux pour laboureur
Qu'il ne feroit pour Procureur,
D'vne posture rechignee
Et d'vne mine refrongnée
Comme vn gros Mustapha Bassa,
Depuis quatre ou cinq mois en ça
Ne venoit point comm' à mille autres
M'obliger à des patenostres,
Qui le mettront quelque matin
Entre les griffes d'vn lutin.
Ie me reserue à le depeindre
Quand i'auray loisir de me plaindre.
Et luy feray le mesme affront
Que reçut defunct Lustubront.
Mais retournant à ma pensée,
Delaissant cette ame insensee,
De qui le diable puisse vn iour
Faire de son ventre vn tambour,

Et de

MENVISIER DE NEVERS.

Et de sa teste vne lanterne
Pour espouuanter dans lauerne
Comme des moineaux dans vn blé
Les traistres qui l'ont ressemblé.
Ie n'ay plus de raison à dire
Sinon que mon cœur ne respire
Que le bonheur de te reuoir,
Que si ie manque de pouuoir
A te destourner de l'orage
Où tu vas chercher ton nauffrage,
Du moins ne me refuse pas
Quelques centaines de tes pas
Pour voir Monglas l'incomparable,
Dont la table ronde admirable
Fait mieux éclater ses vertus
Que ne faisoit celle d'Artus.
Ie sçay que son vin a des charmes
Qui peut-estre contre les armes
Comme moy te feront pester
Dans la crainte de le quitter.
Or comm' il est d'vne humeur franche
A mettre tousiours nape blanche
Mieux qu'aucun Bourgeois de Paris.
Pour festiner les fauoris
De ce gros fils, à qui Semelle
Laissa le tonneau pour mamelle.

Ie te conjure oblige-moy
D'y mener Beis auec toy,
Et sainct Malo ce* Capitaine

*Capitaine du cabinet des Armes du Roy.

Qui sans courir la pretantaine,
Ny sans faire rien d'inhumain
A tousiours des armes en main,
QVINET mon Imprimeur encore
Il merite bien qu'on l'honore,
Puisqu'il veut traiter les Auteurs
Dont i'ay fait mes Approbateurs.
Mais sur tout ce Chantre fidelle
Qui dedans la saincte Chapelle
Va par des airs melodieux
Chercher iusques dedans les Cieux
Parmi la Musique des Anges
L'honneur qu'on doit à ces loüanges;
C'est ce digne des-Aucouteaux
A qui i'ay defendu les eaux,
Auecque la mesme priere
Que ie te defends la rapiere,
Là beuuez tous ensemblement
Sans finesse ny compliment,
Et comme dit Scaron l'Apostre
Que ce soit à la santé nostre,
Iusqu'à vous mettre entre deux dras
Et puis fais ce que tu voudras.

A Monseigneur le Cardinal Mazarin sur la mort de Madame sa Mere.

EPIGRAME.

ATlas qui de nostre Empire
Souſtient l'immobile faix,
Comme toy chacun souspire
De la perte que tu fais :
Mais de ton illuſtre Mere
La mort seroit plus amere
Si d'vn coup infortuné
Pour affliger noſtre vie
La Parque nous l'euſt rauie
Auant que tu fuſſes né.

Fin des Cheüilles de Maiſtre Adam Menuiſier de Neuers.

Genereux Montoron ta liberalité
Illustre en son excés passe sa renommée
et les presents des Rois ne sont que de la fumée
d'un flambeau qui se garde a l'immortalité.

Ta sagesse a pour but la seule amitié
mais d'un objet plus beau ton ame est enflamée
et pour un seul motif de vertu consommée
tu tires l'indigent de la nécessité.

Ta main en reçoit tout et pour comble de gloire
ton nom desja celebre enrichira l'histoire
rare esprit qui fais tout hors mis l'art d'espergner

en la noble splendeur de nos grands Cesar passes
et puis je remarquer en toy tant de graces
sinon pas que le Ciel t'a fait tout pour regner

www.ingramcontent.com/pod-product-compliance
Lightning Source LLC
Chambersburg PA
CBHW070219240426
43671CB00007B/699